這樣生活沒壓力

邵子杰 著

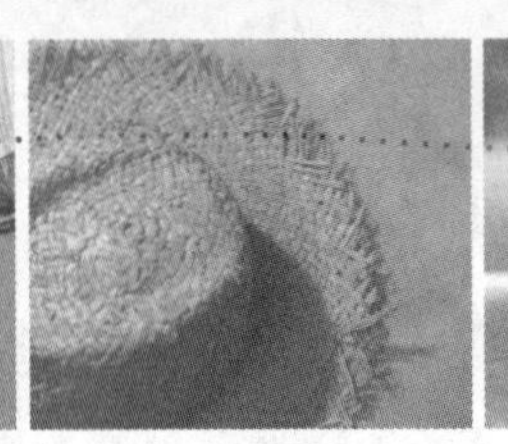

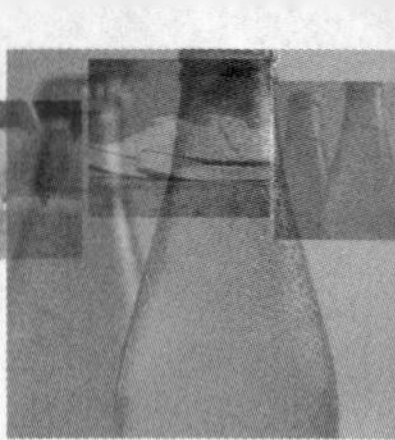

前言

「壓力」，提及這個詞，無人不是一聲嘆息。「你有壓力嗎？」、「壓力大嗎？」，漸漸成為人們相互間的問候語。這個都市叢林，有最耀眼的陽光和最美麗的花，可惜荊棘處處；而學業、職場、婚姻、家庭，這些我們人生的必經之路，又都險象環生。我們漸漸被各種壓力侵蝕得面目全非、精神失重。

減壓，說白了，就是發洩情緒。你要相信情緒也是有脾氣的，你放過它，它才會放過你。這是一場持久仗，貫穿於我們人生不同的各個階段！本書從科學的角度將「減壓」的途徑分為「樂活」與「優活」兩個方面，在深刻剖析壓力來源的同時，另闢蹊徑地從諸多實用的切入點深入，向讀者闡釋減壓的箇中真諦與種種途徑，更加人性化地為讀者服務，一一解讀面對不同壓力的解決之道。

所謂「樂活」，即「快樂生活」，一種「從內而外」的減壓方式，旨在體現內在樂觀積極的生活態度，對於壓力，最具抵抗力與攻擊力。「樂活」不僅是心態的快樂，更是一種主動、樂觀、充滿力量

的反擊態度！做到「樂活」，就如同為自己的生活打造一堵堅實的城牆，在壓力襲來之時將其迅速擊潰。同時，本書更加兼具了「減壓」的實用性與可操作性，將「樂活」應用於不同人生階段的不同壓力，無論你是莘莘學子還是為人父母，是職場人士或者身處圍城，都可以在本書中對症下藥地找到屬於你自己的「減壓」之道。

「優活」，即「優質生活」，一種「由外而內」的減壓方式，也是一種極有意義的生活方式。這一部分旨在介紹時下最流行、最直接、最立竿見影、最行之有效的生活樂趣。而內容上更是別出心裁地從人體的各個感官出發，「眼」、「耳」、「口」、「四肢」齊上陣，涵蓋生活的方方面面，誓不留給壓力任何喘息之機。

這是一本「減壓」之路的通關寶典，一本不同以往的「減壓」祕笈。當你打開本書的這一刻，已經走進了一個用快樂照亮生命，用優質打造生活，用輕鬆的身心感受世界的全新開始，一個告別壓力的減壓工廠！讓我們幫你脫下壓力的外衣，卸下疲憊的行囊，你將愉悅地輕鬆上陣，重新出發，走進一個壓力指數為零的新世界！

CONTENTS

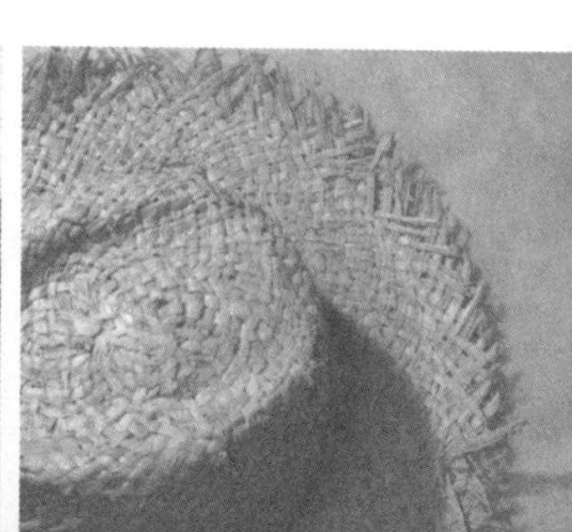

CONTENTS

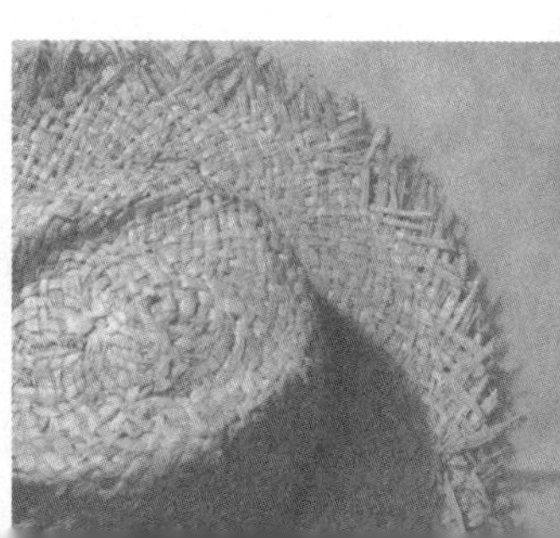

第一章

從現在起「樂活」面對壓力

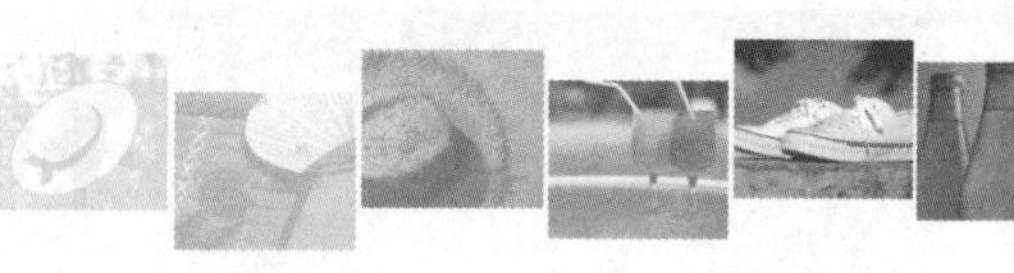

1、每個人都是背著包袱上路

如果說人生是一條沿途風景各異的漫漫長路，那麼我們無一例外都是背著包袱走在這條路上的行者。這裡的包袱，就是指生活賦予我們的種種壓力。誰都知道負重行走困難重重，可是一旦包袱上身，不好擺脫，還不斷加重。我們漸漸步履蹣跚，且行且艱難。

壓力面前，人人平等，上至達官顯貴、鄉紳豪富，下至尋常百姓、市井小民。只不過身分不同，壓力不同罷了。而且，不論我們背著什麼樣的包袱上路，不論我們的包袱裡裝著什麼，這個包袱我們是背定了！

不要以為所謂的成功人士都是在沒有壓力的真空下生活，有時他們要承受的壓力更多、更大、更令人頭痛。以享譽世界的鋼琴家李雲迪為例，做為一個二十七歲的鋼琴才子，無數的鮮花和掌聲簇擁著他，無數閃光燈包圍著他，以旁人看來，這個年輕有為的藝術俊傑早已名利雙收，獲得了人人嚮往的一切了，還有什麼不滿足？可是事實並非如此，雖然李雲迪在國際樂壇地位卓著，但是他仍在孜孜不倦地奮鬥著，他還期望挑戰更遠大的目標，衝破自身極限，超越自我，於是，壓力也隨之而來。

二〇〇七年五月，李雲迪做為史上第一位與柏林愛樂樂團合作錄音的中國演奏家，將演奏一首名曲，這支曲子因找不到合適的演奏者，已經四十年都未與觀眾見面了，其中難度可見一斑，背後隱藏的壓力也可想而知。演奏前的那段時間，他一直繃緊神經，為了完美地詮釋這首曲子周而復始地練習，最後演出十分成功，好評如潮。

壓力逼來之時從不因人而異，不會對誰緊追不放，也不會為誰繞道而行。有的壓力是現實給予我們的，它們自己找上門來，我們不得不面對，而更多的壓力則是我們自己施予自己的，為的是使自己迸發更大的突破現狀、超越自我的力量，這就是所謂的壓力即是動力！

不要總是在路上一味羨慕別人行走得迅捷又輕鬆，便臆想人家的包袱可能份量輕輕，或者壓根沒有什麼東西，也不要因為身後包袱的重量日益增加而鬱鬱寡歡，低頭行路，對前途黯然絕望。上天是公平的，包袱人人有份，壓力的內容和重量是無法相提並論的，每個人在不同時期、不同境況放進去的東西總不一樣，但是腳下道路在最初卻是一樣的，而最後，有人一路美景相伴，有人一路景色灰暗。

我們都是背包客，我們都有風景可以看。至於看什麼景，決定權在你自己手裡。

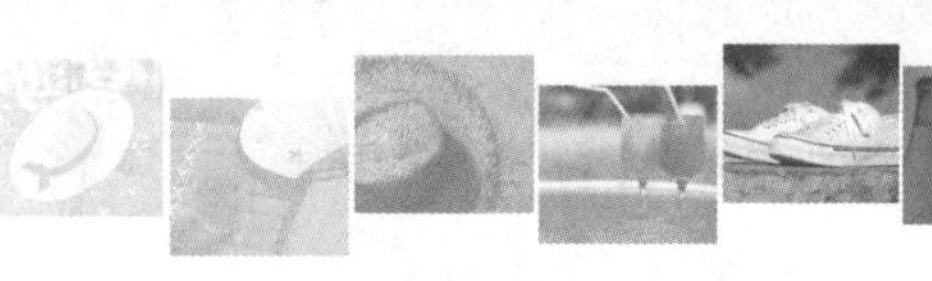

2、我們的包袱從何而來

瞭解了壓力的普遍性，下面就要探求壓力的實質了。我們是背著包袱上路的行者，可是我們的包袱從何而來？壓力的實質是什麼？

從科學的角度分析，壓力在心理學中叫做應激，而在許多書籍、專業報告或雜誌、報紙的文章中，都未曾給出一個比較嚴格的定義。簡單說來，壓力是一種無形的力量，來自四面八方，透過讓人緊張來改變人體身心。當某個刺激事件打破了有機體的平衡和負荷能力，或者超過了某個個體的能力所及，就會體現為壓力，這些刺激事件可能是來自個體外界的和其內部的所有情形，我們統稱為應激源。每個應激源都是一個刺激事件，會引起機體做出相應性的反應，即應激反應，也就是我們所說的壓力。

大多數人會認為應激源普遍來自於外界，即認為壓力是外在環境引起的，一旦人生中遭遇不如意的事情，往往一概而論地認為是壓力所造成，所以結果就是我們總在關注外在環境。事實上，我們所感受到的壓力恰恰來自於我們自己，來自於我們對事物的認知，是我們的思想對壓力的認知和相應的反應。

舉一個簡單的例子，一個嚴重失眠的患者終日無法正常入眠，就在他被失眠折磨得幾近崩潰之時，醫生對症下藥地給了他一片助眠的安眠藥，在藥物的作用下，他終於獲得了良好的睡眠，那晚安然入睡。於是，他想得到永久的良好睡眠，為此，在以後的每一天，他都會從醫生那裡索取一片安眠藥。終於到了一日，他的失眠症被治療好了，從此不再需要吃安眠藥。就在他向醫生道謝之時，醫生微笑著告訴他，其實除了第一天的藥片外，之後給他的全是最普通不過的維他命。

是什麼讓這個人睡眠品質神奇地復原了呢？就是心理暗示。在藥片的安全感下，失眠壓力驟然銳減，我們自然好眠。這無疑說明了一點，絕大部分的壓力來自於我們的內心，是由我們看待和理解事件的方式產生的。由於之前的習慣行為給人帶來的影響，此後，人甚至不必親身經歷這件事，只憑藉想像就可以感受到它的壓迫感。這就意味著，可能當生活中出現類似事情，或者出現可能引發類似狀況的事情，人都會感到壓力，這就是一種認知上的慣性。相反，如果人學會脫離這些壓迫感的掌控，那麼壓力自然而然就會減弱甚至不易察覺。

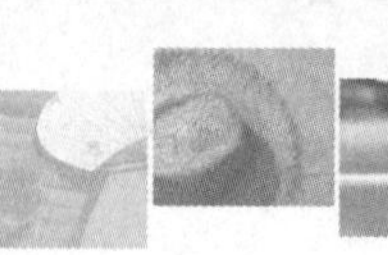

可見，我們的包袱是我們自己背上的，只是在背的過程中我們並未察覺。壓力只存在於受到影響的觀看者的眼中，並非存在於事物本身。它是一種內在的東西，它的產生取決於人如何看待和思考事物的方式。

做為一個壓力的體察者，如果你容易被其左右，你就會一直生活在它的陰影下。因此，我們在面對壓力時，不應該一面倒地把怨懟和關注的重點都放在外部環境上，雖然它可能是引發壓力的導火線，但壓力真正的起因其實是我們自己，若想終止這種情況，在努力切斷導火線的同時，更重要的是調整自己。

也許我們這一生都必須背著包袱行走，只不過，當我們知道包袱是什麼、裡面有什麼，便無需茫然無助。並且，相信自己有能力減輕包袱的重量，甚至相信自己有一天可以甩開包袱，輕鬆奔跑。

3、「樂活」，讓包袱越來越輕

探出壓力的實質之後，當務之急便是阻擋它，紓解它。

怎樣做呢？說來也簡單，既然它來自我們的內心，鑽進心理的漏洞悄然侵襲或者猛烈進攻，那麼我們就要「補洞」。「樂活」態度是補洞的絕佳原料。

樂活，即快樂生活。它不僅僅是我們心境上的快樂狀態，更是面對壓力時每個人應該具備的主動、樂觀、充滿力量的反擊態度！

「樂活」的本質就是態度，「Attention is everything」。我們能否迎難而上擊退壓力，能否為肩上的包袱減輕，並且最終甩掉它，在於是否具有「樂活」精神。

知易行難，「樂活」精神可貴，可貴之物必然難求。現實壓力襲來，我們明白的「道理」和面對的「事件」往往無法並行不悖。那麼，怎樣見招拆招，克敵制勝？就要把「樂活」的態度用到關鍵之處。

人的童年及青春期，是人生至關重要的階段，主要任務便是成長與學習，壓力隨之

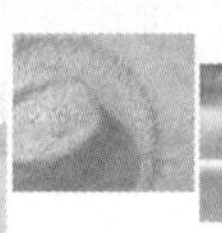

出現。本應是人生中最無憂無慮的年歲，在如今的環境下，孩子過早地體驗競爭的辛苦，以及父母過於沉重的期望。

青年時期，是整個人生的戰國時代，面臨工作和婚姻雙重壓力。職場水深火熱，求得一席之地本就不易，佔山為王更是難上加難，壓力可想而知。都說家庭是人生的港灣，殊不知維護這一片港灣的寧靜又豈是易事？

中年及老年時期，應該是人生的收穫季節，但也是最無奈的季節。中年時期的人們要肩負工作和家庭更加沉重的負擔，上有老、下有小，從生理到心理，危機四伏，名副其實的多事之秋。待到老年，則要面臨步入暮年時家庭和情感上的多重難題。

從現在開始，堅持「樂活」的積極態度，建立強大的內部防禦體系，繼而根據人生不同階段的不同壓力各個擊破，最終因此甩掉我們身後的包袱，輕鬆上路。

第二章

誰動了我的青春

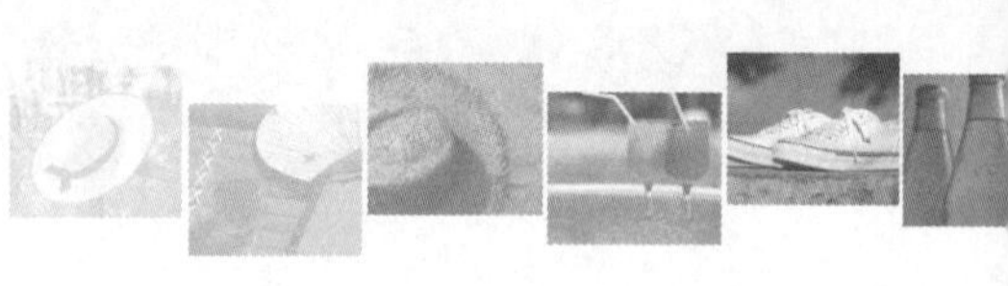

1、走上獨木橋

如果說童年好比一條綠樹成蔭、鶯啼花錦的鄉間小道，那麼我們就是一群一路走、一路暢快呼吸陽光氣息的孩子。

然後在路的盡頭，我們接過父母手中的小書包，從此開啟一段風景別樣卻依舊精彩紛呈的旅行。一路上我們享受汲取新知的快樂，體驗身心成長的喜悅，小書包滿載期望與夢想。

時間繼續推著我們走，肩頭的負擔開始愈發沉重，終於有一天發現，來時車馬道，回首獨木橋。

越來越難走的獨木橋

眾所周知，背著書包上路的莘莘學子在踏上獨木橋的那一刻，就開始了他們「不成功，便成仁」的奮鬥之路。狹窄的獨木橋是一條單行道，走過去已是不易，還要應付肩上的重壓，以及腳下隨時出現的各種狀況，可以說困難重重。

及格不再萬歲

在現行的教育體制下，升學率的高低已逐漸成為衡量一所學校教學品質的重要標準，學校口碑的好壞，直接取決於學生的成績。於是，分數便成為學校加於學生頭頂的一個緊箍咒。

學校唸咒，學生考試。期中考、期末考、段考輪番上陣，考得學生外焦內嫩，淚流滿面。成績出來，高分讚，低分嘆。及格不再萬歲，那是堅決不可逾越的底線。

重賞之下必有勇夫，高壓之下必定內傷。學習和考試使校園生活顯得緊張枯燥，為了追求高分，學生除了學習幾乎都被忽略，高高的複習資料上全是無奈的字跡。

「龍鳳呈祥」？

望子成龍，望女成鳳是每一位父母的心聲。自孩子呱呱墜地，他們就抱著無限期望，堅信自己的孩子必然能夠扶搖而上翱翔九霄雲天。

孩子背上書包的一瞬，書包不僅承載著孩子的未來，更承載著爸媽殷殷的期望。他

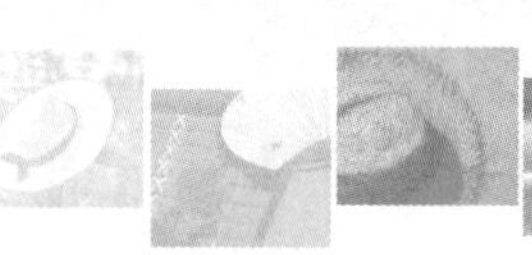
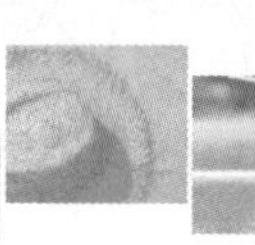

們最關心孩子的學習成績，希望孩子學習優異，在每次考試中名列前茅，希望他們最後都能順利進入大學，尤其是知名學府，讀最有前途的科系。在父母的腦海中，早已為學子們規劃了關於未來的美好藍圖，他們堅信只要寶貝們按部就班地沿著這條理想之路前行，勢必順利到達勝利的彼岸，前提就是取得好成績。

然而有時難免期望過高，甚至脫離實際，忽視了孩子的意願，忽略他們的具體情況，在父母如影隨形的督促和苦口婆心的教誨下，壓力重重啊。可憐天下父母心！只是背負著「成龍」、「成鳳」期望的學子們，最後真的可以「龍鳳呈祥」嗎？

「做最好的自己」

有時候，外在壓力的存在無可避免，內在壓力的累積則是源於對自己要求過高。

有些學生心中懷揣遠大抱負與理想，希望在每一次的考試中獲得好成績，證明自己；更希望在最後的關鍵一搏中舉奪魁，實現夢想。他們不僅要求自己在狹窄的獨木橋上順利通過，甚至要求自己一路領先，未來比別人獲得更多的機會。

這些學生對自己的期望與要求都很高，要做最好的自己，有時甚至達到了苛求的地步。力爭上游的進取心固然值得提倡，而不切實際的過高期望有時未免顯得好高騖遠。

在自身能力不可及之時，縱使付諸努力也不一定能達到理想的結果，甚至事倍功半，最後功敗垂成。

夾縫中的競爭

我們並不是在獨木橋上獨自行走，身前身後有無數個和我們一樣的背著書包的同路人。

彼岸就在前方，所有人的目標一致，千軍萬馬爭闖獨木橋，想要順利到達彼岸實現夢想，就要在獨木橋上行走時站穩腳跟、努力向前，否則一不留神就有失足跌落的危險。

如果說最初踏上獨木橋時的競爭已初露端倪，那麼隨著時間的推移，在橋上的足印越來越深，競爭也愈演愈烈。比成績、比分數、比排名，甚至比人際關係、綜合能力等等，學校裡的競爭氛圍越來越濃。

為了最後成為金榜題名的天之驕子，他們不得不在激烈的競爭中殺出一條血路。同時社會輿論過多地強調成績好壞對於人生未來的影響，彷彿成績不好就是失敗者。於

是，激烈的競爭與對失敗的恐懼，也成為學子們巨大的壓力來源。

獨木橋上的踉蹌步伐

在以上重重壓力之下，背著書包走在獨木橋上的學子們腳步難免踉蹌，此時容易出現形形色色的表現，最突出的便是厭學情緒、自卑心理以及身心障礙。

厭學情緒

在經歷無數個埋頭苦讀的夜晚後，又一次看到新的成績單上不盡理想的成績，聽到老師一遍遍地重複著教訓的話，望著爸媽眼中的失望……你終於被壓得喘不過氣了，焦慮不安，甚至開始厭學。

厭學通常表現為對於老師傳授的知識不感興趣，上課無精打采，注意力無法集中；厭倦做功課，對待功課敷衍了事；常常發火、脾氣暴躁甚至哭泣；懼怕考試，對考試表現出明顯的焦慮，考前過分緊張，睡不好覺，考試時腦子裡一片空白，平時會做的題目都忘得一乾二淨，甚至到了談考試色變的程度；因對學習的厭煩，開始與老師及家長的關係緊張，對老師的教導極易產生叛逆心理，痛恨家長督促檢查自己的學習，不願和家長討論有關學習的事，一旦被提起，立即表現出強烈的反抗，經常因此而發生強烈的親子衝突。

自卑心理

某些孩子學習基礎較差，或者沒有找到適合自己、行之有效的學習方法，雖然經過多次努力，仍然不能擺脫困境，由此對自身的能力產生懷疑，再加上因為成績不夠優秀受到家長的責備、老師的批評和同學的歧視，陷入「無論我怎樣努力也不會獲得肯定」的錯誤觀念，逐漸形成自己是「差生」的觀念。

這些孩子通常自尊心強，想努力卻感到力不從心，想表現又缺乏勇氣，渴望友愛卻又性格孤傲，心理素質不佳，在得不到肯定時易受到他人消極方面的影響，覺得自己不如其他同學聰明，甚至認為自己低人一等。因為學習上得不到認同，開始產生自卑心理，由此更加懼怕學習，背上沉重的包袱，變得頹廢、萎靡不振，逐漸形成了惡性循環。

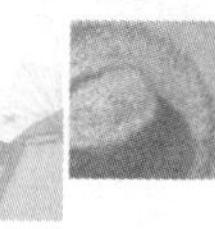

身心障礙

外界各方面巨大的壓力，不僅會帶來負面的情緒反應，在特別嚴重的時候甚至引發一些身心障礙，例如緊張性頭痛、失眠、神經衰弱等。

學會在橋上欣賞美麗風景

我們無論如何都要為了夢想到達彼岸，既然這座獨木橋的路程註定艱辛，我們何不把腳步放輕，欣賞沿途的美麗風景，用快樂為我們的青春譜曲。從容面對艱難險阻，找到順利通過的辦法，在跌倒時微笑著爬起，拍拍塵土繼續上路。

帶著自信上路

如果我們無法決定書包的重量，那麼就請把自信一同裝進去！

一定要堅信事在人為，堅信學習上一時的挫折是可以經由一點一滴的努力克服的。我們缺少的並不是克服挫折的能力，而是還沒有找到適合自己的戰勝困難的方法。

所有人都開始於同一個起跑點，不同的是在起跑時技巧略高一籌的人，在最初的競技中搶到先機，而決定勝敗的關鍵卻是中途的表現和最後的衝刺，我們只不過是暫時的落後。只要我們在努力中摸索技巧，必然可以迎頭趕上的。學會正確地認識自我和評價自我，理性地分析自己的優勢和不足，進行積極的自我暗示，懂得肯定自己的長處，揚長避短。很快你就會發現，自信的自己會收穫越來越多的肯定！

不苛求自己

時刻追求完善自我、超越自我是值得肯定的，而對結果過於苛求則不利於自身發展，有時甚至會適得其反。

不要為自己制訂超乎自身能力範圍外的計畫，應該懂得循序漸進在提高學習成績中的重要作用，將自己的計畫分階段實施，每次完成一小步的進步，一步一個腳印，自信心也會在一次次的肯定中不斷壯大，與夢想的距離也會越來越近。

如果竭盡全力仍未達到自己預定的目標，也不要為此責備、苛求自己，它只是在提醒我們還有需要改進的餘地，它是我們通往成功之路上的小插曲，同時也是可貴的推動力，面對並且將其好好利用，下一次的努力一定可以收穫成功。

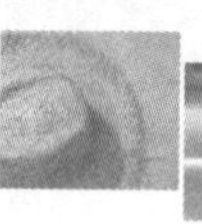

用溝通跨越鴻溝

當成績單為我們與父母、師長之間築起鴻溝，請用溝通將其跨越，因為他們都是愛我們的人。

因為愛，他們會面對成績單板起面孔指責你的不足；因為愛，他們在你怠惰時督促你努力上進；因為愛，他們會有恨鐵不成鋼的焦慮；因為愛，他們格外擔心你的未來。雖然這些舉動有時在你看來是沉重的壓力，但請相信他們美好的初衷。

口乃心之門戶，告訴他們你的想法，說出這些壓在你身上的重擔和學習上的困難，請求他們的幫助，這些問題便會迎刃而解。同時，老師和家長也應該以積極、鼓勵的態度面對孩子，要明白孩子的可塑性強，一時的成績不理想並不能代表全部，認真幫助他們分析原因指明方向，積極肯定孩子的進步和優點，幫孩子減輕壓力的同時提高他們的成績。

2、「拿什麼送給你，寶貝？」

做人難，做父母更難，做一個用心教育孩子的父母更是難上加難，許多人在成為父母之後，深深體會做父母的壓力。伴隨著孩子的一天天成長，為了孩子的身心健康、前途未來，父母在教育孩子的同時肩負的壓力也一天天沉重……

「拿什麼送給你，寶貝？」總想傾其所有、為孩子成長保駕護航的父母們，無時無刻不在內心詢問自己這個問題，良苦用心與不堪負荷的壓力表露無疑。如何擊退壓力，讓自己輕鬆做父母，讓孩子快樂享受成長，即成為當務之急。

重壓下的爸爸媽媽

都知道做家長的艱難，到底有多難？難在何處呢？不僅要事無鉅細地關懷孩子的日常生活，還要關懷孩子的身心健康，更要擔憂他們的前途未來。於是壓力湧現，讓爸爸媽媽們疲憊不堪。

教育投資帶來經濟壓力

社會競爭越來越激烈，為了提高孩子日後的競爭力，家長們往往充分利用孩子成長時期具備的無限可塑性，誓將自己的孩子打造成適應未來社會的全面人才，甚至某一領域的天才。因此，自然需要投入無盡的財力、物力來滿足這些教育投資，經濟壓力成為父母身後背負的第一重擔。

越來越多的教育培訓機構正日益成為如今最火爆的行業之一，舞蹈班、鋼琴班、繪畫班、英文班、各個科目的課餘輔導班……各式各樣的輔導班充斥了孩子的生活，為了不讓孩子輸在起跑點上，看見別人家孩子某一方面的教育投資，家長的緊迫感隨之而來，於是紛紛跟風而上，恨不得將孩子進行全方位的培養。

無疑這些需要經濟實力打基礎，因此家長們在工作上絲毫不敢懈怠，埋頭苦幹、充實荷包，為孩子提供必要的學校教育投資及其他各個管道的良好教育資源投資。如果看到孩子由於參與的各種活動和培訓，能力明顯提高，綜合素質優於其他同齡孩子時，就會更加堅定這種教育路線，面對新的培訓往往是繼續掏錢往槍口上衝；反之，如果收效甚微，父母不僅不會輕言放棄，反倒會投入更大的成本，或者另闢蹊徑，為孩子找尋另外的發展方向，繼續填補教育投資的「無底洞」，可憐天下父母心啊！

一位網友在發表於網路上的論壇中寫道：「房車貸款已經壓得人喘不過氣來，培養子女又是另一筆沒有盡頭的『月供』。為了培養女兒的氣質，期望孩子的與眾不同，三歲開始就參加各種培訓、演出、比賽等，額外的費用支出還包括演出服裝、名師指導、各種活動各種名目的收費等等……兩年多花費已經接近七位數——比養房還貴，真是無止境的負擔。」無奈之情滲透字裡行間。

除此之外，為了讓孩子早早接受國外的先進教育，家長往往不惜重金把孩子「砸」出國。這就是父母，寧可自己默默扛起巨大的經濟壓力，甚至縮衣少食，也要盡一切可能為構築孩子美好的明天添磚加瓦。

過分關注帶來的心理壓力

幾乎所有的父母都有「望子成龍」、「望女成鳳」的心理，對於孩子成長各方面的過分關注，為他們帶來了無盡的心理壓力，突出了父母對於孩子前途和身心發展表現的操心與擔憂，甚至嚴重的會出現焦慮症狀，我們的家長幾乎都在為了孩子而活著，一些家長更是為了孩子身心俱疲。

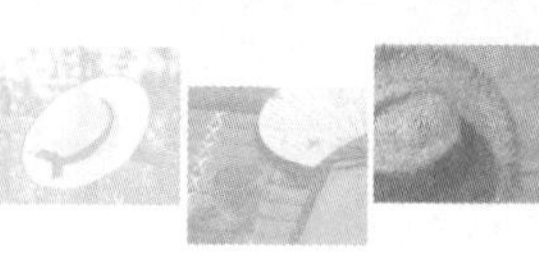

第一，憂慮。

在核心家庭中，孩子往往佔了很重要的地位，幾乎是家庭生活的重心所在，因此有關子女的教養工作，通常在父母眼中是最重要的，孩子能否健康成長成了夫婦關注的焦點。在這一方面，他們通常很難有顆平常心。

這種情感和價值取向的最直觀表現，就是一切圍著孩子轉，孩子更成了父母聯絡感情的樞紐。他們整日憂心忡忡，怕孩子學習成績不佳，怕孩子生病或者發生意外，怕孩子誤入歧途，怕孩子考不上大學……然後使自己沉浸在沉悶、緊張的氛圍中。

深受傳統觀念「子不孝，父之過；女不賢，母之錯」的影響，他們可能溺愛孩子，或者對孩子進行過度教育，這些都是父母憂慮心態的表現。他們一方面給予孩子有利成長的一切條件，一方面卻又增加孩子的學習任務，如果最後結果不盡如人意，父母難免會表現出嚴重的心理失衡，憂慮感越來越重。

第二，攀比心理。

大凡做父母的，都會給予孩子無盡的期望，一方面是出於對來自美好未來的期許，另一方面是在潛意識中希望孩子實現自己無法實現的願望。

當今社會，競爭不僅充斥成人的世界，更是迅速地滲透孩子們的世界中。看見別人家的父母為孩子做的教育投資，攀比之心油然而生。於是他們也開始不惜一切代價，甚至盲目地為孩子創造各種條件，大有超越別人的意思。從各種昂貴的學習用具、複習資料、課外讀物等等，到名師輔導、培養特長，可謂盡心盡力。面對孩子的考試成績、成績單上的排名，有的父母洋洋得意，有的垂頭喪氣，成績稍差一點的孩子家長往往覺得頗為難堪，甚至顏面盡失，於是為了攀比學習成績、考試名次，他們的緊張程度不亞於孩子。諸如此類的行為，很容易讓父母的心態走入錯誤觀念，壓力越來越大。

為人父母的減壓之道

成長階段的孩子面臨重重負擔，有著「成長的煩惱」，而家有正處於成長階段孩子的父母，同樣也有著自己揮之不去的壓力，父母「減壓」應盡早被關注，心態的改變是一切問題迎刃而解的關鍵。

培養孩子，興趣出發

如今的家長，總是想對孩子進行全方位的培養，有天賦的加大力度，沒有天賦的爭

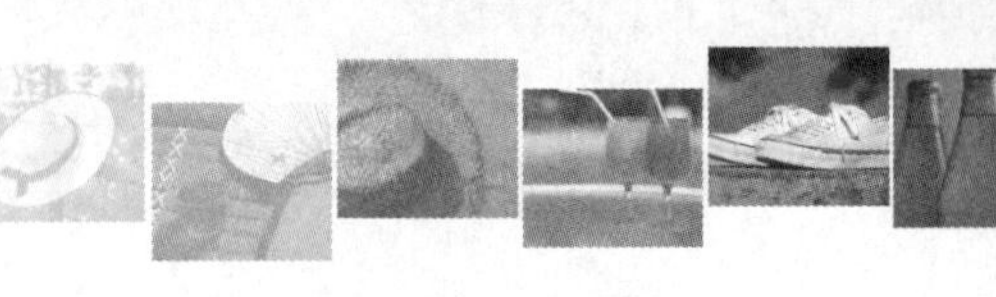

取後天製造！其實，培養孩子的最佳切入點是孩子的興趣，利用得當，往往取得事半功倍的效果。

社會生活越來越豐富多彩，人的興趣與個性理應得到充分的挖掘和發展，父母要尊重孩子的愛好興趣。孩子在做自己喜歡的事情時，創造力和潛力才有可能得到最大化的發揮，同時他們的專注、認真等品質也從中得到鍛鍊，才利於孩子的成長。

最重要的是，孩子的興趣愛好往往和他們具備的天賦有關，他們最大的潛力通常體現在其感興趣的方面，因此家長對這些興趣愛好的即時捕捉和正確引導，不僅能使孩子學習得更快樂，更有可能使孩子未來在某一領域有所成就。

可是，現在的父母都期望自己的孩子能夠掌握「多技之長」，為孩子未來美好的前途增加籌碼，所以很多時候父母對孩子進行培養時，並沒有從他們的興趣愛好出發，而是一廂情願地為他們安排好一切，有時甚至盲目跟風，看到別人家孩子學什麼就讓自己孩子學什麼。孩子悖於自己意願而學習、在父母的安排下被動接受，自己的愛好得不到滿足，特長得不到發揮，極易產生厭學情緒，長此以往，還會將這種情緒蔓延至其他學科，得不償失。

當然，父母對孩子的興趣愛好也應給予適當的引導和幫助，不可「聽之任之」，更不可「揠苗助長」。

拒絕攀比，趕走憂慮

有人說，十個家長九個難逃攀比的習性。沒錯，孩子是家長最好的作品，很多父母都喜歡把孩子取得的哪怕只是一點點成績掛在嘴邊，做為最值得自己驕傲的資本。家長的這種心態本無可厚非，可是太過於注重攀比，不僅給孩子加壓，也是給自己增加負面的影響。

許多家長出於攀比心理，看見別人為孩子進行了什麼教育投資，就不顧及自己孩子現有年齡所具備的生理和心理的承受能力，也通通跟風而上，讓孩子超負荷地學這學那，生怕孩子稍微晚點起步就被遠遠甩在後面，導致在未來更加激烈的社會競爭中難於立足。不僅如此，這些家長讓孩子從小就事事和別人家的孩子比較，比藝術細胞、比成績優異，而且攀比的對象會無窮無盡，攀比的內容也沒完沒了。他們認為孩子唯有好好學習，掌握各種技能，才能進名校，出人頭地，光耀門楣。在這個攀比過程中，家長會不自覺地拿自己孩子的不足對應其他孩子的長處，拿自己孩子的失誤比較其他孩子的耀眼成績，這樣的錯誤觀念不僅造成自身的心理落差，背上心理包袱，還會造成孩子沒自

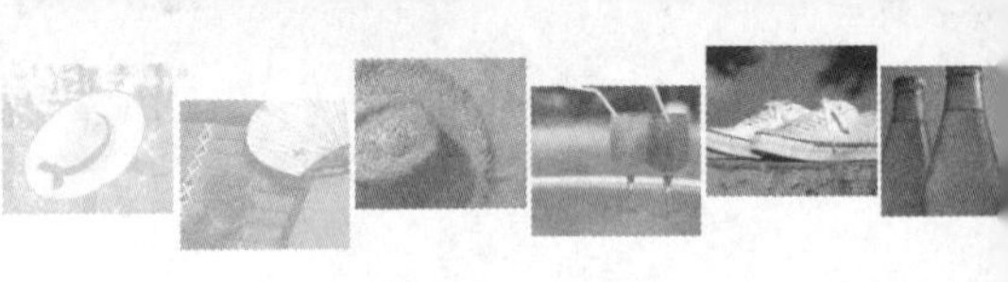

信，缺乏安全感。

其實家長之間互相交流的出發點是好的，但執著於攀比的結果極易引起負面的影響。優秀的孩子是誇出來的，不是罵出來的。盲目攀比，不僅給自己增加不必要的心理負擔，更使孩子身心俱疲，甚至痛恨學習，挫敗感和自卑感對孩子的潛能影響甚鉅，阻礙其正常的良性發展。因此家長應當謹記每個人都是獨立的個體，自己的孩子是獨一無二的，即使要用比較來說明問題，也只能拿孩子的現在與過去相比，充分肯定與欣賞孩子的成長，讚揚孩子的優點，發掘孩子的潛力，幫助孩子樹立自信，自信的孩子會給你帶來無窮的驚喜的！

同時，父母往往容易對孩子成長中的一切細微末節過分關注，進而感到焦慮，很多時候這都是不必要的。孩子有孩子的人生，不必強加自己的意念於此之上，這樣不僅壓抑了孩子的正常發展，還會徒增自己的心理負擔。成長道路上的磕磕碰碰必須讓孩子自己體會才行，父母要做的就是幫孩子把好關，掌舵大方向，防止他們因判斷力的不成熟而誤入歧途。對待孩子的學習成績要淡定，當孩子取得好成績，不要沾沾自喜，過分誇耀，在孩子的成績不理想時，也不必大動肝火，過度教育。把握「度」，才能趕走父母心頭焦慮的陰霾，給孩子一個健康成長的環境。

3、我的青春誰做主

最愛孩子的永遠是父母。父母是最特殊、最重要的身分，永遠不可能退休，永遠不允許離職，更不可能被替代。從孩子呱呱墜地、嗷嗷待哺，到最終脫離父母的懷抱走自己的路，父母無時無刻不陪伴左右，事事為其「做主」。

在孩子成長過程中，看著孩子快速增長的身高，看著孩子逐漸改變的身體特徵，看著孩子越來越明亮的眼睛，看著孩子偷偷上了鎖的日記本，爸媽終於明白：孩子真的長大了！青春期於孩子而言，是必經之路，他們在用自己的聲音宣告：我的青春我做主！

然而，「青春期」原本就是「多事之秋」，因為青春期孩子在生理和心理上的特殊性，眾多問題開始出現，於是青春期孩子與家長由於關係處理不當而引發的問題越來越多，為雙方帶來的壓力都每日劇增，究其原因，矛盾的中心便是「我的青春誰做主」。往往雙方各執己見，自然相遇時火花迸發。如何正視和調適青春期的親子關係，對於做一對快樂的親子意義重大。

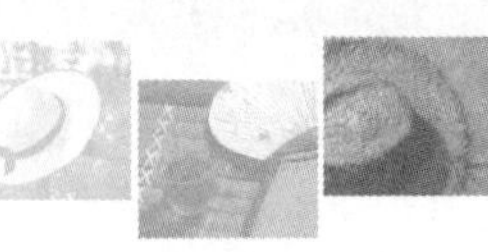
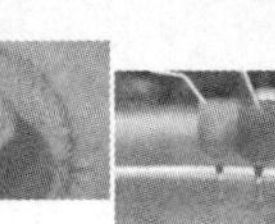

孩子的青春怎麼了？

一般家有少年初長成的家庭，青春期時家長在和孩子的相處中，往往有以下明顯的體驗：

首先是自己和孩子之間有了距離感，其次是自己的權威受到了挑戰，第三是孩子對自己的管教產生叛逆心理，並且對抗行為日趨增多。很多父母對此感到措手不及與茫然，他們不禁要問，我的孩子到底怎麼了？

孩子的意識能力大大提高

自青春期伊始，青少年開始獨立思考，他們的抽象邏輯思維開始佔主導地位，同時思維的獨立性、批判性顯著發展，對事物有了自己的想法和判斷，開始用懷疑、審視的眼光去看待周圍的世界，於是他們開始篩選大人說的話，如果此時家長表現出對其意識判斷的反駁或不屑一顧，他們往往不再對家長表現出盲從，不願意聽從父母的意見，而且會以十分強烈的反應表達自己的不滿和觀點，對父母傳統的、權威的看法更是不能接受，會用自己的標準對家長的形象與地位重新定位，甚至會對此提出過激的批評之詞，這就是人們常說的青春期叛逆表現。因此，親子觀點上的不一致使家長的威信大打折扣，這往往是他們關係走向緊張的初始。

心理出現封閉性

進入青春期，很多青少年會失去兒時的爽朗與率直，會不自覺地將自己的精神世界和家長封閉起來，他們的心事也許可以和要好的同伴溝通，卻不願向最親密的父母祖露，面對父母殷切的詢問，他們回答得通常顯得簡單、草率，甚至帶有冷漠地搪塞、應付的意味。

還有一些孩子渴望與他人平等的相處，想要打開內心，需要被認同感，又敏感細膩，一旦碰壁，便小心翼翼緊鎖心門。這種想被他人瞭解又怕被他人瞭解的矛盾，是青春期的產物。於是家長會覺得孩子在故意藏匿自己的心事，心思難以揣測，和孩子之間便有了距離感。

另一方面，心理封閉的出現也是由於孩子性成熟及自我探索的結果。青春期意味著性發育成熟和第二性特徵的出現，許多的生理和心理變化對於他們來說是全新的，迫切想知道這一切到底是怎麼回事，但又感到難為情和難以啟齒。

由於受到傳統文化的影響，父母往往也不知如何與孩子溝通有關性和感情的問題，

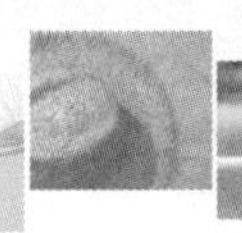

這就把孩子獲得這個問題合理解答的主要通道給阻塞了，於是他們開始陷入自我揣測之中，在好奇心與對愛渴望的驅使下，可能會淺嚐一些所謂「戀愛」的滋味，這在家長的視角看來是絕對不允許的，因此，兩代之間因此爆發的戰爭時常響起。

孩子的成人感和獨立感

隨著生理的顯著變化和自我意識的覺醒，孩子的成人感開始湧現。他們往往認為自己已經成熟，是個大人了，所以會在思維認識、行為活動、社會交往等方面，表現出帶有孩子氣的成人樣式，心中又渴望別人把他看做大人，尊重並理解他。可是實際年齡帶來的社會經驗和生活經驗還有知識的侷限性，在思想和行為上顯得幼稚。這一時期孩子身上出現的一些不良行為，例如抽菸、喝酒等，在相當程度上是孩子這種心理願望的扭曲反應，是對成人世界的模仿。可是此時家長總習慣按孩童時期親子關係模式去對待已經長大變化了的孩子，一味保護，一味干涉，卻缺乏信任與尊重。當父母的教育方式和孩子內心需求之間出現衝突時，正面的交鋒在所難免。

他的青春不是我的「第二春」

青春自然是孩子自己的青春，一生一次永不再來，不是父母的「第二春」。每個人的成長都不可複製，他所處的環境、所面對的社會、所接觸的思想，與父母自身的經歷大相徑庭。所以，把他們的青春還給他們，讓他們自己做主！

讓孩子在民主教育下得到尊重

如果你可以相信別人，你就更應該相信你的孩子，尊重他的人格、意見、愛好、隱私，以及他的選擇。

由於兩代的觀念差異，分歧不可避免，此時，只應當求同存異，和孩子平等地交換意見，切忌將自己的意見強加給孩子。更不能有動輒打罵，教育過當，或者採取暴力或者冷暴力的方式，這是對孩子自尊心的最大傷害。

其實，孩子成長最重要的還是環境。在家庭中營造相互信任、理解、尊重的氣氛，視孩子為家庭平等的一員，有關家庭的某些問題可以鼓勵孩子參與並且發表自己的看法。課餘讓孩子承擔一些能力所及的家務事，使他們有機會體驗成人的責任感。對於孩子考試升學、科系選擇等人生大事，父母需要轉變觀念，要知道自己的意見只是參考，

孩子才是主體。總之，要引導他自己去管理自己。

理解中為孩子掌舵

青春期的孩子身心快速發育，自己的變化和周遭的環境都會給其內心帶來巨大的動盪，可是往往又缺乏承受力，於是他們一方面因面對劇變不知如何面對而陷入孤獨之中，另一方面渴望得到別人的關懷與指導，尤其是與自己最親密的父母。

可是我們的家長往往自亂陣腳，先發制人地表現出不理解不諒解的態度。這不是要求家長無條件贊同孩子，而是在他們思想行為出現偏差時，懂得耐心、平和地和孩子做平等交流，幫孩子答疑解惑，不可居高臨下，也不要以勢壓人，肯定孩子想法中正確的一面，同時明確指出其中的錯誤並幫助其糾正，重在以理服人。

當孩子在這一時期出現「早戀」傾向時，家長要正視孩子這一正常的精神需要與好奇心理，克服傳統觀念的束縛及難為情心態，主動透過合理的溝通方式向孩子講述有關青春期的知識，撫平他們的好奇心，承擔紓緩孩子情緒壓力的責任，切忌不分青紅皂白地用簡單粗暴的方式處理，要以理解者的角度去耐心傾聽他的述說，然後即時表示體諒，肯定這種現象的正常心理源頭，循循善誘，讓孩子明白問題產生的原因及可能造成的不良後果有哪些，告訴他們如何正確對待和處理這一問題，幫助孩子走出這個少年時都會經歷的感情萌動與困惑時期。

學會溝通的藝術

親子矛盾的致命傷是不會溝通。

拿批評孩子這一點來舉例，實際上，批評也有批評的藝術。批評時切忌維護孩子的自尊心，留有餘地使他可以去自我思考，而不是立刻反彈。你只有給他「想」的空間，他才能想明白，然後主動為自己的過失感到難過和內疚，進而改正。這對家長是個考驗，既要懂得控制情緒、脾氣，理性等待合適的場合，選擇恰當的語言。最後，不要忘了給予孩子關於未來的鼓勵和期望，表示對孩子改正錯誤並會越來越好的信心。

當親子關係日趨緊張甚至出現裂痕之時，家長們不妨先捫心自問與子女之間的溝通是否順暢？如果溝通欠佳，則應選擇適當的溝通時機，良好的溝通氛圍，合理的溝通方案，有藝術性地與孩子溝通，做孩子的貼心好友。

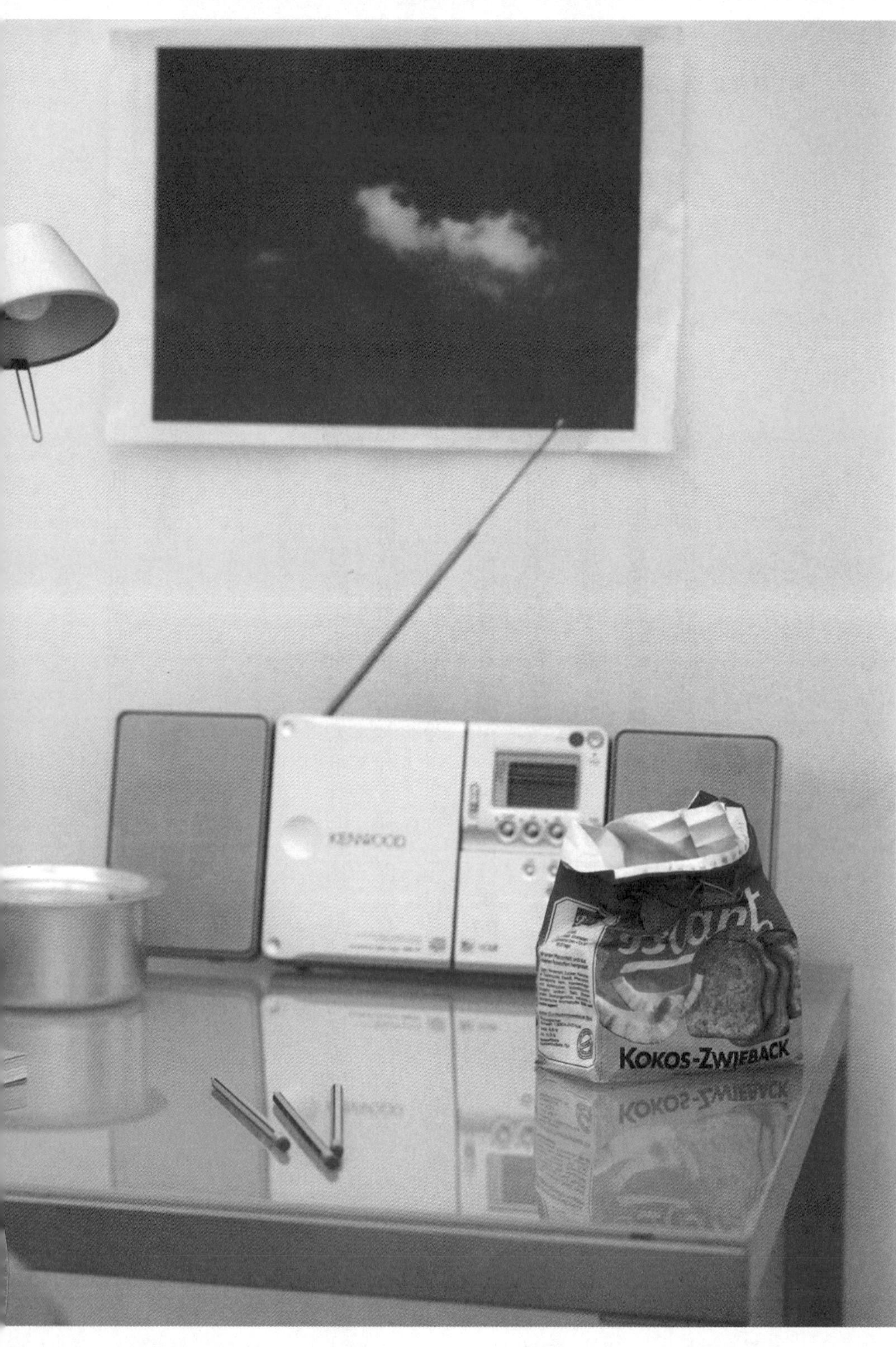
KENWOOD
KOKOS-ZWIEBACK

第三章 吹響職場集結號

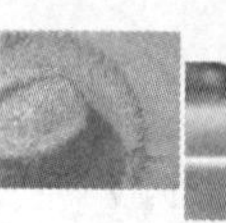

1、邁向我的「戰場」

美國心理學家馬斯洛著名的「需求層次理論」，向我們揭示了人在不同時期潛藏的五種不同需求，即生理需求、安全需求、社交需求、尊重需求及自我實現。

縱觀這五種需求的核心內容，不難發現，職業生涯對於各需求的實現起到了舉足輕重的作用。它好比人生的一個主「戰場」，我們不斷前仆後繼地投入其中。「戰場」上我們使出渾身解數，奮力拼殺，為獲得自己的一席之地竭盡全力，只因這個「戰場」在我們人生中不同尋常的重要地位，其中決定成敗的一個關鍵環節，就在於邁向「戰場」的第一步，這是至關重要又困難重重的一步。

如何在出腳後頂住壓力，繼而佔據先機、拔得頭籌？不僅要將知己知彼做到細微之處，還要快樂地應對挑戰並將其各個擊破，將「戰場」變為我們的主場！

一場艱難的硬仗

自踏出校門的那一刻，我們夢想起航，迫切想證明「世界是我們的」。而現實的世界從不遵從一廂情願的臆想，職場怎可能一路坦途？Wake up，親愛的，這是一場硬仗。

金榜已加長，提名又如何？

中學不斷擴招，確實給越來越多的人提供了接受高等教育的機會。高等教育的普及度已經日益使其失去吸引目光的新鮮感，而此項利民的舉措此刻正呈現它「累民」的效果，最直接的影響便是每年的應屆畢業生數量激增。在這些「高等教育泡沫」之後，一個更加顯著的後遺症誕生了——就業壓力。

高等教育漫無節制地膨脹，導致教育優勢不明顯，人才供求齒輪錯位，看似人才，用來庸才，企業奈何？畢業生奈何？

經濟寒潮是安全過境，還是走來走去？

自二〇〇八年九月，全球的經濟寒潮洶湧襲來，全球金融危機全面爆發。一方面，預備進入職場的我們慌不擇路，求助無門。另一方面，多數企業忙不迭地裁員。

由此帶來兩個後果，一是此時忙於找工作的我們處境可想而知，誰會奢望忙於裁員

的企業敞開大門？二是那些被原先東家拋棄的員工又重新加入到求職者的隊伍，我們原本就分不得一杯羹的現狀更顯嚴峻。競爭越來越殘酷，只好背著履歷品味此時一半悲壯一半無奈的滋味。並且，誰又能保證這一次寒潮過境之後，便是永遠的春暖花開？

「規矩」太多，方圓亂套

雖然人常說，學歷不代表能力，但企業招募，學歷仍是敲門磚。

那張幾乎等價於我們個人價值的證書，還是我們能否順利入駐職場的關鍵，也成為我們拼殺職場「戰鬥」的殺手鐧。沒有它，理想的工作、豐厚的薪水、光明的前景對於我們只是海市蜃樓，可望而不可及。

在炙手可熱的招募市場中，還有一條不言而喻的「潛規則」，那就是擁有經驗對於在眾多競爭者中脫穎而出的重要作用。對於大多數公司來說，選擇已具備相關工作經驗的應徵者，不僅可以省去培訓新員工的成本，還可以將新血第一時間注入企業，迅速為企業帶來效益。剛剛走出校園的學生，對於工作實踐的缺乏顯而易見，所以即使滿腔熱忱，舌燦蓮花，也未必能敲開用人單位的心門。

此外，對於性別、身高、外貌、健康狀況等方面的要求也成為招募市場的新準則，還有很多企業把招募的重點放在名牌大學、熱門專業的學生，諸多條條框框把越來越多的大學畢業生擋在職場門外。

高不成，低不就

摒除外在因素，求職者自身的就業觀念也有待改變。缺少正確的職業觀、過於理想化也是他們邁入職場的阻礙。

其實有時不是找不到工作，而是找不到滿意的工作。在選擇就業城市時，首選大都會；在選擇公司時，偏好政府機關或著名企業；選擇職位時，喜歡待遇好、福利優的。而在遭遇阻力時習慣等待觀望，不能正視現實，抱持不作為、無所謂的態度。同時自我評價不是過高就是過低，缺少理性思考。種種原因都使求職者走入了高不成低不就的錯誤觀念。

吹響「衝鋒號」

我們總是懷揣一份份新鮮列印的簡歷，忙碌奔波於沒完沒了的面試；我們總是飛蛾

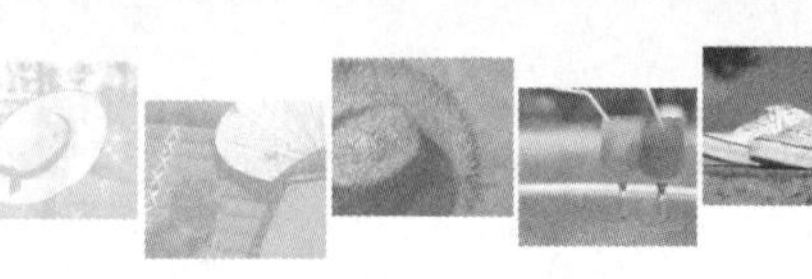

撲火般地關注所有媒介上刊登的招募資訊；我們都倔強地在風雨飄搖的現實中堅持著自己小小的夢想。可是通往職業生涯的征途註定不會一帆風順，邁入「戰場」第一步的艱難也不會讓我們停下腳步。我們吹響「衝鋒號」，隨時待命，準備下一輪的攻勢！

第一戰，心態！

這是最重要的：正確認識自己，坦然面對現實。

生存重壓之下，許多人會變得沮喪，失去對生活的嚮往與追求。生活中逆境和失敗在所難免，那都是磨練心智的大好機會，使我們學會從弱小走向強大。我們可以先制訂一個長遠的職業生涯規劃，當大方向置於眼前，所有的努力便有了明確的目標。接下來，就要開始循序漸進地實現自己的夢想。應明白，現實中的我們還不具備將理想立刻變為現實的能力，切忌好高騖遠，一味地追求心中最理想的那份工作是不理智的選擇。不妨採用迂迴政策，降低期望，先找到一個自己能夠在心理上和能力上承擔的工作，從基礎做起，抱著學習的心態去適應工作。這樣失衡的心態會漸漸平穩，基本的生存問題也得到了解決。

第二戰，充電！

在找工作的過程中，我們隨時可以發現自己的不足之處，發現自己與理想的距離，然後對症下藥地充實自己，笨鳥先飛，提高日後自己在職場中的競爭力。

可以充分利用就業前的時間，針對性地補己之短，提升綜合能力，為獲得更好的就業機會做充分的準備。利用一切有利時機，更有計畫地安排學習，提升自己的學識水準和技能水準，提高自己的核心競爭力，使自己距離勝任理想工作的能力越來越接近。同時可以多參加一些自己感興趣的資格考試並獲得相關資格證照，或者可以繼續深造，以提高自身的就業籌碼，獲得更多順利叩開職場大門的敲門磚。

只有有針對性、有計畫地彌補自己的不足，把找工作階段的時間好好利用，才能使做為笨鳥的我們長出豐滿的羽翼，飛抵勝利的彼岸。

第三戰，我行！

嚴峻的就業形勢當前，在找到理想的工作前，勢必要一次又一次地品嚐閉門羹的滋味，此時自信心對於我們來說尤為重要。

請相信自己，勇敢地去面對競爭。不狂妄自大，對工作挑三揀四，也不妄自菲薄，縮手縮腳，不敢推銷自己。面試時，告訴所有面試你的人：我行！

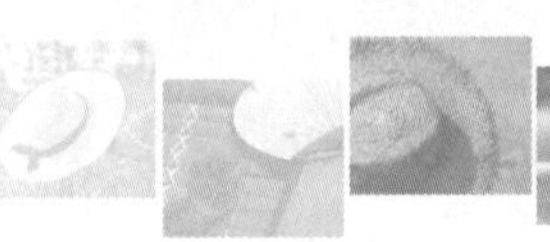
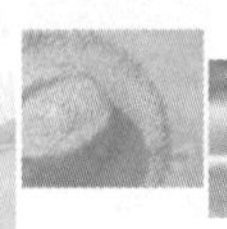

2、職場新人初長成

經過十多年的寒窗苦讀，大學生們走出校門，步入社會，他們意氣風發地成為職場新人，心中滿是對成功的渴望，對未來的憧憬，希望在職場打拼出一片屬於自己的天空。

初涉職場，我們不僅體會了新工作帶來的前所未有的新鮮感，同時，因為沒有做好角色和心理的轉換，在「學校人」向「職業人」的轉變過程中，一些職場新人面臨著很大的挫折和壓力。

如何順利度過對職場新環境最初的適應期，使其完成「斷奶」，是每一位職場新人初涉職場的艱難課題，也是他們職業生涯揚帆起航的初始，因此至關重要。

養在深閨煩惱多

很多問題都會成為職場新人職業生涯道路上的絆腳石。

「草莓族」的「斷奶期」

「草莓族」，是指一些職場新人外表看似光鮮亮麗，實際「質地」卻綿軟無力，遇到壓力就抵抗不住，變成一團稀泥，是中看不中用的典型。這形象的比喻恰如其分地表現了職場新人在與新工作最初磨合時期的狀態，如同每個嬰兒必須度過的「斷奶期」，因為依賴，所以顯得尤為困難。

「職業孤獨期」

新人進入一家公司工作，入職之初，都要經歷一段瞭解、適應並最終融入新環境的過程，這段經歷往往刻骨銘心，職業心理學稱它為「職業孤獨期」。

顧名思義，「職業孤獨期」的主要心理表現便是孤獨。不熟悉適合職場的語言環境，不熟悉公司的人情世故，不熟悉周圍陌生的一切。如同魚兒游入一片新的水域，在最初時候總會對包括水溫等在內的新環境中的各個方面重新適應。

在這段日子中，職場新人通常心情壓抑，情緒煩躁，感覺自己與周圍的一切格格不入，渴望融入同事的圈子，卻又不知道從何入手。通常一個公司原有的人際格局形成已久，對於新鮮力量的注入，老員工大多表現得不關注甚至冷漠，這就更加劇了職場新人

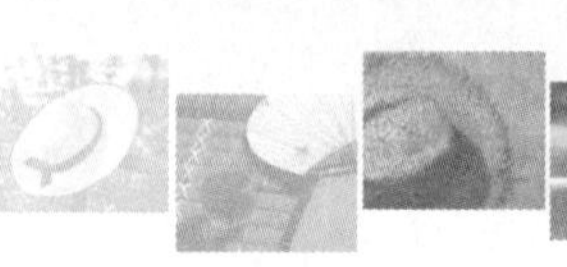
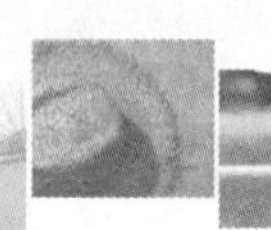

們被排斥的感覺。由於無法得到周圍大眾的認同，他們顯得孤立無援，逐漸陷入孤獨、消極、恐懼的漩渦，對什麼事情都失去了激情。

據調查，新人「職業孤獨期」的時間平均為三個月。適應快的人，一個半月就可以；適應慢的人，或許三到四個月時間才能過去。職場新人在經歷「職業孤獨期」的時候多少都會受到來自心靈的阻礙和心理創傷，自我調適能力好的很快便可順利度過，適應能力差的甚至會使自己的職業生涯就此擱淺，其中不乏許多才華橫溢的可塑之才。

從「紙上談兵」到「真槍實彈」

初出茅廬的職場新人，從學校的練習場進入職場的真正跑道，從入職之前的「紙上談兵」到投入職場的「真槍實彈」，都會遇到形形色色的問題，將案頭的理論付諸於實踐往往不是容易的事情。

很多剛畢業的大學生，在求學期間成績優異，能力突出，是同學中的佼佼者。可是進入職場後，之前的所學要將其運用到實際中，必然需要一段時間的思考和摸索。

學校傳授的絕大部分是知識，在工作中則更看重能力。許多原本學習成績優秀的職場新人，往往缺少的就是將知識轉換為實踐的能力，甚至連領導佈置的簡單任務也無法獨立完成，延誤了正常的工作，得到工作效率低的評價，自此失落感不斷加深，越來越懷疑自己的能力，最終喪失信心。

脆弱的心理防線

「草莓族」職場新人最大的特點，便是抗壓能力不強，心理素質差，面對批評表現出「命令不得」、「說不起」的態度，甚至被戲稱為「辦公室嬰兒」。

這些新人普遍從小家庭物質條件較為優越，被父母呵護備至，很少經歷不順心的事。在成長的過程中，他們又多把精力集中於學習，以致他們應試能力強，適應能力弱。在工作中害怕犯錯，心理負擔重，又無法面對老闆的批評，久而久之，感到無比的痛苦和無奈，甚至一挨批就哭哭啼啼，像個嬰兒般需要上司連哄帶勸地指導工作。這對做為新人的他們未來在職場的發展極為不利。

「唯我獨尊」

在涉職之初，許多職場新人自我意識強烈，存在個人至上的錯誤觀念，盲目自信，急於表現，不重視團隊力量，「唯我獨尊」。

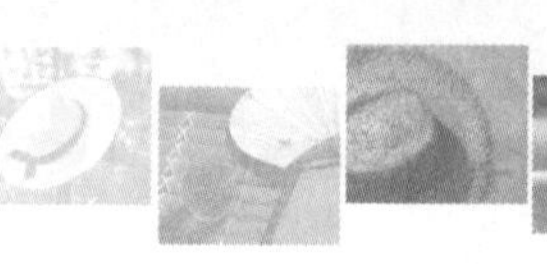
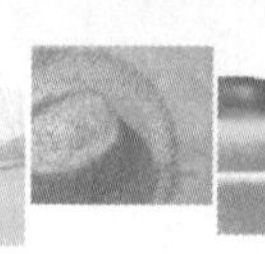

首先，很多新人剛剛踏入職場大門便開始抱怨，總覺得自己在公司受到的重視不夠，對公司很多方面的安排挑三揀四，自命不凡，一進單位就想身居要職，在薪酬待遇、工作環境、受重視程度等方面，要求過高，急功近利，盲目攀比，陷入過分追逐升職加薪的錯誤觀念，有的甚至做出有失偏頗之舉。以上種種表現皆因新人們不合時宜的自我意識，存在以自我為中心、個人至上的思想，無意中在自己與用人單位之間築起一道難以逾越的高牆，搬起石頭砸自己的腳，成為阻礙自身職業生涯的始作俑者。

其次，一些新人在踏入職場之初，也容易陷入盲目自信，急於表現自身能力的錯誤觀念。企業在選拔新人時，對個人能力素質的注重無可厚非，但是新人在進入公司後展現能力一定要有「度」。他們往往會存在盲目自信的心理，盼望儘快得到他人的認可和刮目相看，急於展現自己的才能和實力，有時表現得過於張揚，顯得鋒芒畢露。由於缺乏實踐工作的經驗，加之不重視團隊力量，往往會增加工作難度，適得其反，弄巧成拙，甚至招人厭煩，被人嗤之以鼻。

眼高手低，忽視禮儀

在職場中，披著不切實際、眼高手低「外衣」的新人隨處可見。他們初來乍到，急於表現自己的才能，總會提出一些豪氣沖天的計畫，往往大而無當、不切實際。總想著成就大事，對小事不屑一顧，即使做了，也認為是屈就，感慨大材小用。

仔細想想，若連小事都做不好，又怎麼可以被委以大任？諸多事實證明眼高手低者，最後都會以失敗告終。仗要一場一場地打，飯要一口一口地吃，就是上月球也還是要從地上出發。

另外，在辦公室中，時常聽到職場新人在接電話時隨口而出的「喂，誰啊」，不重視職場禮儀已成為他們的通病。新畢業的大學生經常忽視一些職場上的禮儀，表現在工作中的一些小細節，如待人接物隨意、說話不講究方式、坐姿不雅觀、和客戶去用餐時不懂得餐桌禮儀等。同時，與同事相處時言語尖刻、態度孤傲，高視闊步，缺少涵養。

初來乍到，生存有道

「斷奶」後學會吃飯

職場初始湧現了不少「草莓族」，他們正處於「學校人」向「職業人」的轉型期，期間出現了形形色色的問題，要面臨許多挫折與壓力。經歷這個「斷奶期」後，學會如

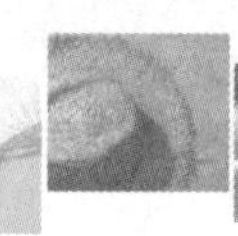
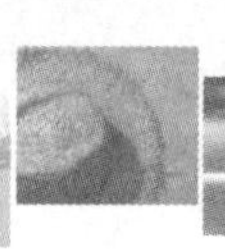

何吃飯對於職場新人來說至關重要。

涉世「自來熟」

進入一個新的環境，最初的寂寞不可避免。有那麼一種人，身處新環境時能夠很快地與他人打成一片，融入四周，我們為他們取了一個有趣的名字：「自來熟」。當然，每個人的性格千差萬別，不可能強求每位職場新人都成為「自來熟」，但這種「自來熟」的主動性是值得提倡的，能夠幫助新人順利度過「職業孤獨期」。

首先，初來乍到一個新的工作環境，切忌不可自卑畏縮，一味被動地等待別人來理你，應該充分發揮主觀能動性，表示積極自願的「湊熱鬧」的態度。當別人在交談時，你認真傾聽，找到感興趣的話題加入其中；當別人笑鬧時，你可以欣賞，並且投入到熱烈的氣氛中。

其次，在一旁觀察同事們經常討論的話題，日常生活中有意識地關注，也要學習一些常識和溝通技巧，和別人有了共同的活動樂趣，投其所好中共同歡樂。

再次，在與同事熟悉的過程中，尋找與自己價值觀較為接近的人成為好朋友，真誠地與人交流，逐漸形成自己的社交圈子。

最後，面對自己不喜歡的人，改變對其的態度，善意、真誠地對待他人，學會欣賞、讚揚，慢慢地就可以發現別人身上的優點。

「內」、「外」兼修

第一、「內」：增強自信與心理承受力。

不少職場新人面對一個新的職位及工作環境時，最初的優越感會隨著工作的深入慢慢消失，當現實與預期的差距漸漸清晰，心中會湧現極大的失落感與挫敗感，自信心嚴重受挫。尤其在沒有很好地完成上司安排的任務得到批評時，他們抗壓能力弱、心理承受力差的缺點便浮出水面。此時應該具有一種職場「潛水」的能力，正確地面對挫折與壓力，不要盲目放大它們，應該意識到這是適應職場的必經之路，「人無完人，金無足赤」，學會把受到的挫折轉變成實現下一個目標的力量是每一個新人必修的第一課，逐漸拾回昔日的自信。

第二、「外」：提高實踐工作能力。

許多職場新人在入職之初，將工作看得簡單、理想化，在跨出大學校門前學會的大多是理論，極其缺乏實踐經驗，所以工作能力與效率有待提高。

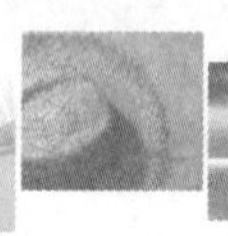

在進入一間公司後，新人應積極主動地儘快熟悉自己的行業、企業、部門，看清自己在實踐工作中的差距，並且根據自己的工作內容有針對性地學習，增強實踐能力，還要善於把「紙上談兵」與「真槍實彈」有效結合。要站好眼前的職位，做好領導安排的各項工作，讓老闆發現你具有出色的執行力和培養價值，肯定你出色的工作業績，為最後成為公司挑大樑的角色打下基礎。

眼光向前「低頭」做事

職場新人普遍「眼高手低」，滿腔雄心壯志，希望做出轟轟烈烈的事情來表現自己的能力，小事看不上眼，大事拿不上手，到頭來以失敗告終。

新人在新的職位上，應該改變自己的心態，自視甚高、一進公司就想身居要職是不現實的，沒有累積何來收穫？要知道往往小事之中見精神，大事之中見能力，只有「大處著眼、小處著手」，眼光向前、「低頭」做事，對每件小事一絲不苟，腳踏實地，從基層做起，在小事中鍛鍊自己，不斷累積經驗，提升能力，才能為今後勝任大事打下基礎。

同時，不能只做自己喜歡的事情，面對自己不願做的工作也要千方百計把它做好。

在剛進入職場時難免要做許多事務性的工作，不要自視過高情緒抵觸。應化被動為主動，逐步提高自己的職業含金量和競爭優勢。其實，把你不願意做的事情做得像樣，將會比你做好你擅長的事情有更大的收穫。

合作分享

在職場中有一個很關鍵的部分，就是「人際關係」，它也是決定職場成敗的重要因素。

在日語中，人際關係被稱為「人脈」，美國管理學家則稱其為「團隊」。有云，一個人的成功20％歸功於專業能力，80％歸功於人際關係，無疑印證了它在職業生涯中的特殊地位。在現代企業裡，強調團隊制勝已經深入人心，學會合作分享對於職場新人來說是一堂必修課。對待同事要謙虛、熱情、真誠，最初入職應虛心請教，平時禮貌待人，尊重他人，當同事需要幫助時熱心相助。應明白每個人都是團隊中的一分子，脫離團隊單憑一己之力想要成功絕非易事。

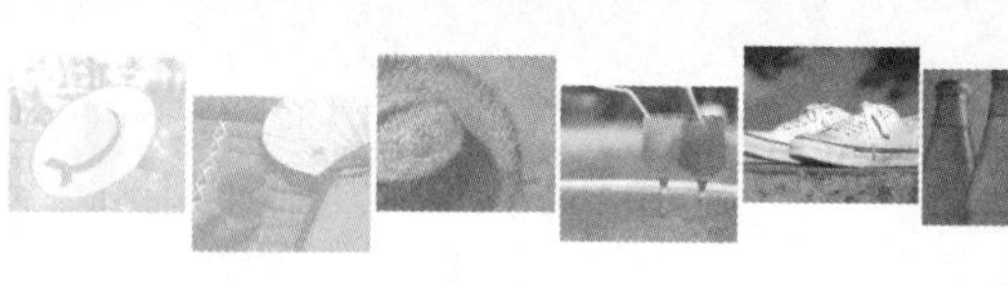

3、當職場遭遇瓶頸

對於涉入職場的人們來說，在經歷了入門階段、適應學習的上升階段後，便開始於職場上穩步發展，大展鴻圖。然而職業生涯猶如攀登高山，越是在山底的時候，往上的步伐越輕盈矯健，動力十足，可是越往上攀爬，越是步履維艱，動力也越不足，待快登抵山頂之時，每前進一步都要付出相當艱辛的努力，山頂近在眼前，卻又覺得遙不可及，不爬又不甘心，繼續奮力前進，又精疲力盡，力不從心，無可奈何。此時，應當意識到，你已遭遇職場瓶頸！

這種令人尷尬的局面，往往發生在三十至四十歲期間的職場人士中，並且普遍存在。此刻，向上得到晉升的機會很少，希望渺茫，向外求發展則受制於自己的工作經歷與背景，空間侷限，與此同時加薪止步，工作是單調的複製，原地踏步讓人備感壓力，心情煩躁。

如何樂觀面對職場瓶頸並且勇於突破，是每一位職場人在職業生涯中必須面對的挑戰，若應戰有方則能衝出「玻璃頂」，打開職業生涯中另一嶄新局面；若徘徊不前，「玻璃頂」就會變成「水泥頂」，進而導致自身今後的職場之路越發艱難。因此，面對職場瓶頸，於壓力中保持樂觀的心態，尋找出口，喚醒工作的快樂，刻不容緩！

遭遇烏鴉喝水

越來越小的瓶口

根據職業顧問的研究結果顯示，85％以上的職場工作者，在職業生涯中遭遇面臨職業瓶頸、難求突破發展的困惑和煩惱，當我們將事業推上一個個新高度，抬頭看，上面的出路卻是一個越來越小的瓶口，雖然外面陽光燦爛，卻顯得那麼可望而不可及，如果此刻停滯不前，還將面臨不進則退的危險。

發展空間有限 難逃「缺氧」

我們自踏入職場，終日埋頭苦幹，奔波忙碌，為了工作毫無喘息之機。幾年回頭審

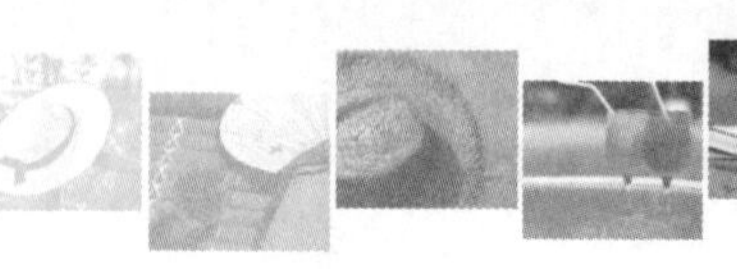

視自己周遭的情況，卻發現職業之路越走越窄，發展空間實在有限，於是「缺氧」之感撲面而來。

或許踏實肯幹，老闆卻視若無睹；或許能力太強，招來上司嫉賢妒能；或許在已有職位上無法晉升，感到自己根本無法超越現有平台……種種工作中的不開心，遭遇「缺氧」卻無力開拓新的空間，眼前根本就是一條死胡同。「職業倦怠」隨之而來，不希望工作在失去新的挑戰中繼續下去。於是，在現有工作中如何尋求突破，何去何從，成為當務之急。

薪酬「觸頂」

眾所周知，工作不僅能實現個人價值，更重要也更現實的作用便是滿足人的物質需求。因此，薪酬對於職場人來說不僅是工作的目的，更是前進的動力。

可是近年來，職場對求職人士的開價呈現越來越低的趨勢，加之企業出於降低成本的目的實行薪酬控制，許多在職人員對薪酬的滿意度越來越低，甚至接近谷底，越來越多的人表示了對薪資的不滿。當出現薪酬觸頂、加薪無望的問題時，做為職業危機的晴雨錶和企業激勵介質的薪酬處於不利態勢，不僅意味著職業價值的下滑，更意味著職場人在面對此「瓶頸」時的無措和無奈。特別是職業生涯發展至此，職場人普遍面臨著小孩已經慢慢長大，父母養老也提上日程的狀況，多年薪水不漲，使其備感家庭重負的壓力，而考慮到跳槽的成本，也不敢草率透過跳槽來改變現狀。於是，薪酬觸頂帶來了他們職場發展和生活保障的雙重壓力。

人際關係亮紅燈

人際關係的處理也是職場瓶頸的重要因素，是職場人士解不開的結。

通常職業生涯發展到此階段，正是小有成就之時，職場人士的工作能力均不容置疑，但人際關係問題卻時常困擾著他們。不會正確處理人際關係，導致人際關係不協調，團隊合作自然無從談起，沒有充分的資源支撐和人力支援，工作自然無法做好。工作糟糕，人際關係惡劣，生活毫無樂趣可言，惡性循環由此產生，前途堪憂。

競爭中的迷惑與停滯

在瞬息萬變、日益複雜的職場環境中，職場人面臨著更為激烈、更高層次的競爭，對此他們心中也不免存在許多迷惑。紛繁的職場時刻充斥著撲朔迷離的資訊，未來變得

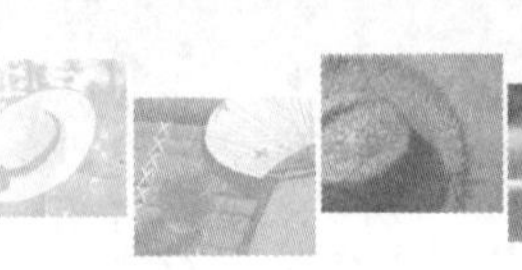
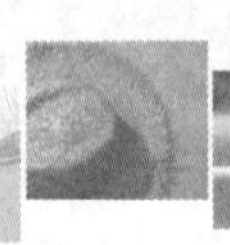

愈發地不確定。過去從來沒有為自己的職場價值問題擔憂，此刻逐漸意識到自己的職業命運其實是繫在很有侷限性的產品與技術之上的，在如此激烈的競爭中，恐怕難再有突破了。如何尋求更好的發展，未來的道路在何方，目前的職位是留還是走，一個個問號纏繞著他們，迷惑不已。

另一方面，眼前穩定的收入、平和的生活也給予這些職場「老人」們足夠的安全感，害怕變化、維持現狀成為普遍心態，這導致許多職場人適應力和學習能力的缺乏和降低，預測力和決策力跟不上時代與社會變遷的腳步，日復一日必將造成他們職場發展上的停滯與挫折。

瓶頸了，進一步海闊天空

職場瓶頸期是職場上普遍存在、令人尷尬的時期，無人倖免。在分析了置於我們頭上「玻璃頂」的構成後，為避免我們的職業生涯變成難以下嚥的雞肋，就要有針對性地進行突破了。

主動出擊，另闢天地

通常情況下，在同一公司同一職位上待三到四年的停留期，就會滋生倦怠感了，激情不再、動力不足，因發展空間有限導致的「缺氧」感在不知不覺中產生。四年之後職場人如果難有突破，其折舊率會很高，加之升職機會鳳毛麟角，加薪無望，職場瓶頸期成為籠罩於他們心中的陰霾。

假如此時已經在原公司累積了相當豐富的工作經驗，特別對於那些曾擔任過管理工作的職場人來說，如果原公司已經無法為你提供更大的發展平台，那麼你不妨勇敢地選擇主動出擊、另闢天地——跳槽。

在走這條路之前，首先要評估一下自身的工作資歷，如近幾年工作中累積的專業能力、行業經驗、人脈關係等。如果有夠硬的工作資歷做為職業轉換的砝碼，跳槽的成功率會大大提高。其次，為了減少跳槽的成本，應當選擇與自己目前從事行業有關的相關行業轉型，職業定位可以是與原來同等規模公司的相當職位，一般大方向是「換專業不換行業，換行業不換專業」。假如一個很有發展前景且規模相當的公司向你拋出橄欖枝，那麼也可以從部門經理做起，以待日後尋求內部發展。

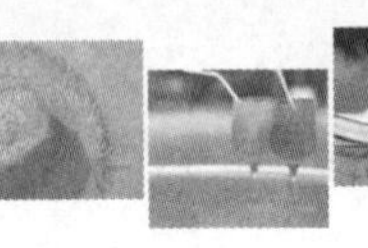
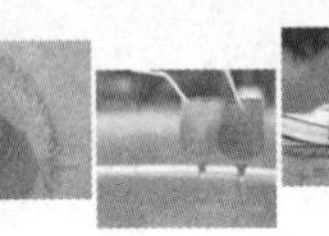

堅守陣地，尋求發展

除了向外拓展空間，還可以在原有職位上努力尋求發展來度過職場瓶頸期。

在公司內部橫向地尋找發展機會，相對來說比較穩妥，因為在獲得晉升的同時還可以減少因跳槽產生的成本，但往往需要付出更多的努力。原因是在公司內部，從大局著眼，考慮人力均衡的關係，老闆通常不會輕易對員工尤其是管理層做出調整，所以希望在短時期內獲得晉升的機會微乎其微，要耐得住寂寞靜待時機。同時，在一個公司內部如果某高層職位發生變動，註定會吸引不少人的覬覦，競爭之殘酷可想而知。

若想從中脫穎而出，要細緻分析自己在原有職位上的情況，充分認識自身的優、劣勢。就一個公司的人力資源總監舉例，由於其多年從事人力資源工作，對該領域的工作內容、流程等非常熟悉，瞭解自然也深刻透徹，這是他的優勢，同時也是劣勢，因為從橫向來看，對於公司中與自己相關聯的工作他知之甚少。如果對這些工作也多做一些瞭解，比如適當掌握財務、行銷方面的知識，就會形成其向上突破職場瓶頸、開拓新的發展方向的合力，以便透過內部調整而獲得更好的發展機會。另一方面，他可以多瞭解相關行業及競爭對手的情況，透過精心準備，可以向企業中優化人力資源和管理的更高職位發展。

即時充電，立於不敗

職場的發展總是新舊更替的迴圈過程，企業需要源源不斷地注入新鮮血液來維持其運轉，因此，人才的競爭逐漸日趨白熱化，職場「老人」在面對競爭時出現的迷惑與停滯成為導致其職場瓶頸期的又一大因素。

此時最重要的，就是從自身尋找原因，由於自身的不足而產生瓶頸的情形並不少見，尤其競爭當前。不管你之前在學生時代有多麼優秀，抑或入職後有多麼才華出眾、順風順水，隨著職位日益提升，對自身綜合能力的要求也越來越高，在一個位置待久了，很容易因重複的工作產生惰性，缺乏再深造的動力，例如決策力、洞察力等方面。

找出癥結後最主要的任務就是根據自身的具體情況，有意識地進行充電了。很多職場「老人」由於多年在同一職位上的慣性，往往被企業的職位設置牽著走，習慣了憑經驗吃飯，最後不免出現「江郎才盡」的悲劇。

在激烈的職場競爭中，一旦失去持續學習的意識，將會導致他們因為知識結構的老化而面臨被淘汰的尷尬境地。因此，有意識地進行充電提高自身職場競爭力，是職場

「老人」突破職場瓶頸的有效方法。適用於他們的充電方法應遵循「短板原理」，即找出自己最為薄弱、最需改進的部分，繼而透過學習來提高。同時要注意把握好時效性，一旦發現問題便立即對症下藥進行改善，避免因耽誤時機在日後的工作中碰壁而錯失良機。職場人只有在不斷充電中為自己增加新的競爭力，才能於職場中立於不敗之地。

4、下一站是哪裡？

在職業生涯的征途中，我們每一個人都是背著行囊的旅者，一路欣賞沿途的各異風景，每一站都為我們開啟不同的世界。直到某天，行至某個路口，我們決意更改旅途。踏上新的征程，嶄新的視野。心中不禁揣測：「下一站是哪裡？」

在職業生涯的轉折處，「跳槽」與否是我們每個人都要面對的選擇。「人往高處爬」，跳槽不僅是一門學問，同樣是一種策略。雖然選擇邁向「更高」之處，但這說來挺輕巧的一句話，卻包含了「為什麼走」和「如何在結合自身優勢、用最佳方式走得更高」等一系列問題。

在邁向下一站的途中，當跳槽壓力襲來，我們用理智和勇氣導航，在快樂中尋找方向，讓職場的征途永遠美景相伴。

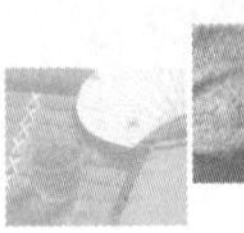
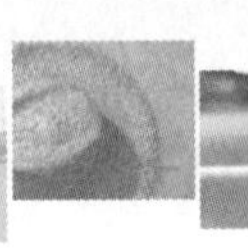

WHY？

為什麼要跳槽？這是跳槽者必須思考的首要問題！很多跳槽者其實並未理清自己為何要轉換職場跑道。這個跳槽過程中最至關重要的一步，檢驗著跳槽者是否在心態與理智上做好準備，因此這個問題是他們必須捫心自問的。

不要說這份工作你已經做了好多年，是時候跳槽了，因為是否跳槽和你的工作時間沒有必然關聯；也不要說你不喜歡現有的工作，想跳槽做自己喜歡的，因為在沒有搞清楚為什麼不喜歡這份工作前，你如何確定跳槽後的工作你將更喜歡；更不要說這裡的人際關係太複雜而想跳槽換個環境，因為如果你沒有處理複雜人際關係的能力，跳到哪裡都會覺得人際關係複雜。

那麼，究竟是什麼點燃了職場人心中蠢蠢欲動的跳槽意願呢？一般說來，導火線有二。

其一，被動的跳槽。當一個人對自己目前的職場狀況不滿意，比如對職場人際關係、工作內容、工作環境、薪水待遇及發展機會等不滿時，通常會選擇另謀出路，如果你與上司關係不融洽，發展受到限制，同時無法與目前的職場環境相融合，此時不妨考慮換個環境重新開始了。

第二，主動的跳槽。當你面對著更好的工作條件，如更好的工作環境、更優厚的薪水待遇、千載難逢的發展機會時，往往禁不住「誘惑」主動離開，這種為了自己更廣闊的前景選擇的跳槽無可厚非；還有另一種情況，當你發現自己的能力勝任目前的工作綽綽有餘，並且期待更高的挑戰時，也不妨考慮換個工作試試。

職業諮詢專家普遍認可的理智跳槽原因，大致分為三種，如果你在職場遭遇了諸如此類的問題，那麼考慮跳槽不失為明智之舉。

原因一：職業發展規劃的需要。

其中又細分為三方面內容：為職業發展方向的調整而跳，為職業發展空間、平台而跳，為職業發展機會而跳。

「為職業發展方向調整而跳」，通常發生於涉職未深的職場新人中，在找工作的時候他們往往抱著「先就業，再擇業」的想法，對於自身定位及未來規劃並不清晰，工作幾個月後，發現自己並不適應目前的工作，於是選擇跳槽。

「為職業發展空間、平台而跳」，如果目前的職位給自我的發展空間太小，長此以

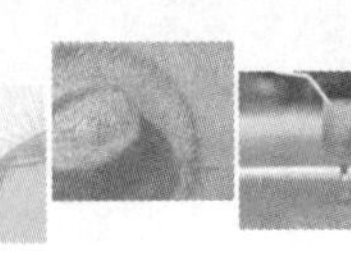
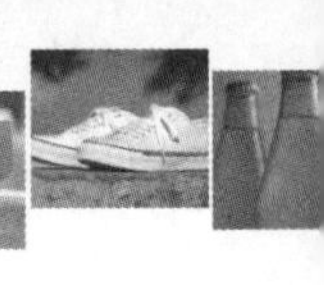

往無法累積行業競爭力，對今後的長遠發展造成嚴重危機，也應該在認清情勢後選擇跳槽。

「為職業發展機會而跳」，假如你的工作能力突出，學習能力很強，也有很強烈的事業心，可是目前的工作卻不能為你提供良好的培養機會和晉升機會，阻礙了職業發展，那麼這樣的狀況對你的潛力不失為一種浪費，即時跳槽將是最明智的選擇。

原因二：企業文化的差異。

幾乎每個企業都具有代表企業價值觀念且有自身特色的企業文化。缺少了良好的企業文化，不僅會導致企業內部缺少凝聚力，進而造成管理混亂的局面，同時一個缺失企業文化的企業在商場上的競爭力必然是不足的。做為職場人，雖然身處一個企業的內部，還是有自己的價值觀的，當職業生涯發展到一個階段，如果你的價值觀和企業文化格格不入，骨子裡不認同這個企業的文化，勢必很難在其中得到認同，發展前景於你來說也很渺茫了，你最好選擇跳槽，即使此刻勉強留下，最終你仍會選擇離開。

原因三：個人原因。

當由於生活改變引發的諸多個人問題和你的工作發生衝突時，許多矛盾無法解決，此時個人問題也會成為你跳槽的原因。試想，如果你的家庭和工作產生了矛盾，你自然不會為了工作而放棄家庭，此刻跳槽可能會使你的問題迎刃而解。

HOW?

在仔細審視跳槽的原因後，權衡利弊，接下來就是著手「do」的時刻了。如何「跳得高」、「跳得好」是擺在我們面前難題，也決定了此次跳槽的成敗。

首先，在行動前，結合具體情況分析自身面對跳槽是否具備以下優勢，不打無準備之仗。

如果跳槽意味著更高的薪水、意味著更大的發展空間、意味著能找到自己認同的企業文化……何樂而不為呢？問題是，你憑什麼消受這塊送到嘴邊的山芋？真正想「跳」得萬無一失，以下三點缺一不可，否則你成功跳槽，卻不一定代表跳槽成功。

一、業績才是硬道理。

即使你所在的公司有多麼令你不滿意，即使你的老闆待你多麼苛刻，即使你對現在

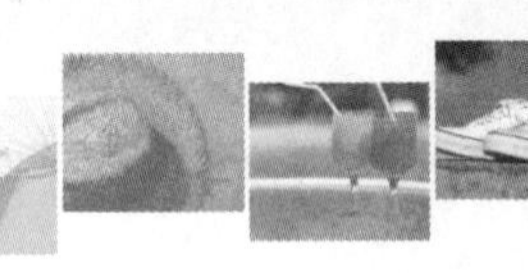

的工作實在提不起興趣，都不能成為你做不好工作的理由。並且，沒有人會雇用一個在原公司沒有業績的跳槽之人。最終，你只是上一份工作的「淘汰者」而已。

二、信譽是你的敲門磚。

大企業選擇員工時，信譽往往是其優先考量的標準。他們的門不會對信譽有瑕疵的人打開。

信譽的標準並不一定是你做了多麼嚴重的壞事，它往往是在各式各樣的生活瑣事中體現出來的。比如當你在為面試時的遲到而努力尋找各種藉口，當你對某一專案一知半解卻為自己在其中的作用誇大其辭，當你口沫橫飛、滔滔不絕地對原來公司做著負面評論，這些細微末節就已足夠反映你的個人信譽了，那時等待你的毋庸置疑將是碰壁。

三、人際是你的通行證。

在原來的工作中，如果你平時除了公司內部的工作範圍外基本不與外界交往，沒有建立起自己的人際網路，你的工作也不會有什麼突出的成績。因為，你經常和什麼人共事，在某種程度上決定了你的跳槽能力。如果你沒有人際這張通行證，即使世界上到處是伯樂也看不到你的存在。

接下來，就是決定跳槽者成敗的關鍵問題了，如何展開有效的跳槽行動，請相信跳槽有科學的一面，也有藝術的一面。

一、明確需求，鎖定目標。

這是打下基礎的第一步。如果你不清楚跳槽的需求是什麼，就最好別動這個念頭。當初入職場的新鮮感和鬥志已經被消磨，此時很多人會想到跳槽，但跳槽並不是幫你解決迷茫的途徑，它應該是你清醒時做的選擇。當你認定了自己需要跳槽，也明確了自己的需求，那麼你就應該開始著手於分析哪些公司能夠滿足你的需要，這裡的鎖定目標就是指你要有針對性地挑選出最期望加盟的公司，並保證該公司也存在讓你加盟的機會，這是你在選擇跳槽目標時最基本的判斷。

二、充分準備，計算成本。

在確立目標之後，你需要做兩件事，一是要縝密地瞭解該目標公司的所有情況，包括其公司戰略、企業文化、核心產品、競爭對手及組織結構等，二就是分析自身的能力

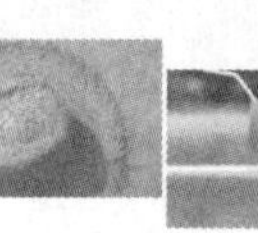

是否能在這個公司裡得到最大化的發揮，如何讓對方在最短的時間內接受你本人，並對你產生信任。在你向對方拋出橄欖枝或在你準備接受對方發出的邀請之前，請仔細核算一下你的跳槽成本。例如你因辭職而損失的福利待遇，或者由於入職新公司而產生的住房補貼和交通補貼，又或者因變換工作而產生的家庭費用的增加等等。

四、面試談判，書面確認。

面試談判是你能否進入新工作的重要環節，此環節中你與新雇主之間的博弈直接決定了你的跳槽之路的結果。其實，此次談判的重點是你與新工作機會的適合性，表現在你是否有能力為新雇主創造價值，以及新的工作能否帶給你職業發展上的提高和超越。

值得注意的是，本次談判的內容你需要事先有所準備並從長遠考慮，同時你不必先提出薪酬方面的要求，當對方對你的印象不錯時，通常會主動提及薪水待遇問題。待你們雙方達成共識後，就要書面確認兩件事了。其一，對方為你提供的書面offer，當你認為其內容與你的理解有所出入時，應即時與對方溝通，若沒有異議就可以簽字確認了；其二，就是為原公司擬寫辭職報告了。

五、做好交接，善始善終。

這是一個人在職場上發展的最基本職業操守，「交接」並不僅僅是一個形式、一個過程，而是一個職場人必須具備的職業素養。當原公司一時沒有人接替你或接替你的人經驗不足時，你應當盡最大的努力配合公司完成交接，這樣不僅是對公司的負責，更是對自己之前工作的負責。在此期間，你應即時與新雇主溝通，對方通常都會通情達理。

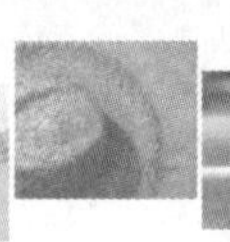

5、做好那隻「出頭鳥」

電影「穿著Prada的惡魔」中，被譽為奧斯卡「一代只出一個」的演技女神梅莉·史翠普，為我們展示了一個讓人又敬又怕、又愛又恨、又羡又憐的「時尚女魔頭」形象，在片中她是時尚雜誌乃至世界時尚潮流的領航者，是一個團隊的領頭人。

在現實的職場世界中，也會有一個個「出頭鳥」，以一個公司為單位，他們上至老闆，下至各部門主管或者專案團隊leader，都是這間公司的中堅力量。職場過招中，他們時常帶給下屬壓力，更多時候也會暗自體會壓力的滋味。如何頂住重重壓力，做一隻快樂的「出頭鳥」，是一門藝術。

「槍」打「出頭鳥」

有句俗話，槍打出頭鳥。沒錯，往往站在風口浪尖上的領導者們要承受的更多，壓力也更大。曾經根據企管顧問公司Grant Thornton對全球企業主管所做的壓力調查，台灣企業主管承受的壓力指數連續第二年排名全球第一，這個結果無疑說明了「出頭鳥」的不易。那麼通常瞄準「出頭鳥」的「槍」都有哪幾支呢？

第一槍，領導團隊的壓力

隨著社會分工越來越細化，個人單打獨鬥的時代早已結束。領導力無疑是領導者們的首要素質，團隊在缺乏有力的領導時會猶如一盤散沙，只有領導者將團隊中每個成員的力量有效凝聚，才會發揮團隊的最大作用。

可是人人皆有不同，成員們在共同相處甚至共同作戰中，難免出現許許多多的問題，尤其發生利益衝突時，團隊的不和諧甚至分裂時有發生，這無疑是頗令領導者頭痛的事情。比如，當員工發生精神離職時，往往表現為工作不在狀態內，對本職工作不夠投入，團隊內部不願意協作，行動遲緩，工作期間無所事事，個人能力在工作中發揮不足30%；又或者團隊中某個人能力突出，能獨當一面，業績常常領先於其他成員，卻好大喜功，目空一切，組織紀律散漫，經常自居為團隊功臣之列……諸如此類的問題在團隊領導中不勝枚舉，給領導者帶來壓力。

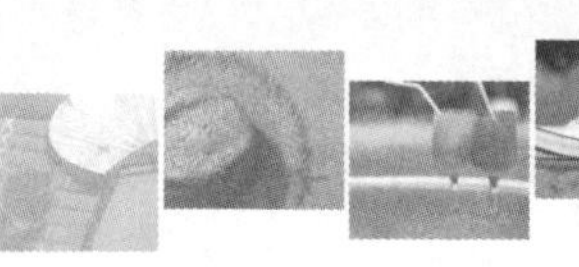

第二槍，應付危機的壓力

在瞬息萬變的商海沉浮中，在不可預知的職場拼殺中，危機隨處可能發生，隨時都可以遇到。能否沉著面對，並且妥善處理危機事件，是對領導者綜合能力、領導藝術以及協調能力的考驗。例如如何在跌宕起伏的外部不利環境中撥雲見日？如何未雨綢繆，居安思危，防止突發危機對企業的打擊？如何在危機來臨時引領員工隨機應變，突出重圍？如何在逆境中迅速決策，最大程度地降低危機對企業的影響？如何在企業瀕臨絕境時，運籌帷幄，懂得化「危」為「機」，轉危為安？如此多的危機當前，壓力可想而知。

第三槍，用「成績」說話

身為領導者，你的團隊能創造出多少「成績」，是對你領導力的最大考驗和證明，好的領導者要拿「成績」說話。當你的團隊獲得一筆數目可觀的訂單，周圍的覬覦者自然無話可說；反之，當你的團隊由於各種原因遭遇滑鐵盧，或者很長一段時期內拿不出令人信服的成績單，四周不和諧的聲音就要湧現了，而且爭論的矛頭將直指做為領導者的你。成績是大家的，出現過錯則是領導不力佔主要原因，這種普遍存在的觀念壓得領導者們喘不過氣，加之越來越激烈的競爭，地位不穩讓他們更加缺乏安全感。於是他們中的很多人為了做出成績，開始事無鉅細，親歷親為，最後不堪重負，心理、生理遭遇雙重壓力。

第四槍，人際關係的壓力

身處高位的領導者，往往無法順利融入團隊其他成員中，因此孤獨感油然而生。如果你一貫保持高高在上、一意孤行的行事作風，最終很容易成為「光桿司令」，曲高和寡；另一方面，如果你為了融入大家，忙著和員工打成一片，不注意方式，忘記了原則，會讓大家覺得你沒有能力和主見，也不利於你管理團隊。怎樣拿捏這些關係，經常讓領導者感到壓力。

同時，如何處理與其他領導者的關係也頗讓人頭痛。身處同級管理者之間，如果你木秀於林，可能成為眾矢之的，你的上司也會因你的優秀而害怕有朝一日會被你取而代之，那些比你年輕的下屬，又常常因期待有更好的發展空間而對你的位置虎視眈眈。這些於內於外、於上於下皆不好處理的人際關係也是領導者們的主要壓力之一。

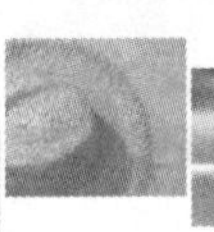

「出頭鳥」如何「出頭」

如何在層層壓力下做好「出頭鳥」，穿好「防彈衣」，避免被「槍」擊中，就要學會如何「出頭」的藝術。它不僅有助你領導力的提高，還能為你的職場生涯保駕護航。

增強團隊凝聚力

做為一個團隊的核心，如何增強這個團隊的凝聚力是每個領導者的首要課題。首先要將團隊整體的表現看做最高的表現，不強調個人的英雄主義，鼓勵團隊成員之間充分溝通，願意表達，樂於分享，讓每個人都產生互相依賴的感覺，將好的團隊關係塑造成一個眾人習慣的氛圍。

其次，因人而異，進行管理。面對精神離職的員工，要即時與之溝通，用團隊精神與團隊願景來提升他的工作狀態，用激勵的方法提升他的工作熱情，比如為他安排假期，給其時間思考與調整狀態，如果效果還是不盡如人意，則可考慮放棄。因為一個團隊中成員差異性往往非常大，個人素質、工作能力常常有所區別，對於那些業績非常突出但是往往好大喜功者，應當正確領導，充分與其溝通，將他在工作中的有利精神，融入團隊精神與團隊文化之中，並有意識地樹立為榜樣，起到激勵並引領整個團隊的作用，使他個人突出的分力轉化為團隊的合力，用團隊的價值觀和約束力來對他進行管理。

臨危不亂，化險為夷

好的領導者還有一個必備的素質，就是危機管理能力。「禍兮福所倚，福兮禍所伏」，危機當前給企業帶來的也許是更多的機遇，臨危不亂，化險為夷，將危機轉變為商機是一個企業領導者觀察力和決策力的體現。

第一要具備當機立斷、迅速控制事態的能力。危機的殺傷力在最初湧現時最大，第一時間做出最即時、最正確的決策，應可以最有效控制事態的發展，阻止其繼續惡化，也為其後化解危機爭取寶貴時間。

第二是勇於負責、臨危不懼的能力。危機的破壞力在於它的不可預知性，不可預知何時發生，不可預知以何種形式發生，因此當它出現時，不能自亂陣腳被其殺個措手不及，或者逃避責任，置之不理，否則會被它打得潰不成軍。

第三是打破常規，果敢行事的能力。通常化解危機時不能以慣性思維來對待，也不能在打破常規時猶豫不決，瞻前顧後，被傳統的思維束縛，應當在冷靜地審時度勢後，

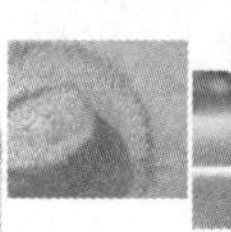

果斷出擊，即時因時、因事制宜，在逆境時的創舉往往會有柳暗花明的影響力。

第四是準確預測事態發展的能力。在危機被初步平息之後，此刻最重要的是判斷局勢的走向，具備敏感的預見性並且防微杜漸，「走」在危機發展之前，有備無患。

第五是要有承擔責任和後果的心理素質。領導者做為危機決策和危機管理的核心，通常是各種矛盾的焦點，其承受的壓力也必然是最大的，因此必須具備承擔領導團隊面對危機的責任，當結果不盡如人意時，也要勇於承擔引發的一切後果。

「分攤」壓力出成績

能否有效地分解自身壓力，是體現領導者領導藝術的一項重要指標，不僅可以充分發揮團隊中每個個體的優勢，集合眾人之力和智慧，因此更容易做出成績，還可以維持領導者個人的身心健康，一舉多得。

通常不善於減壓的領導為了儘快做出成績，習慣事無鉅細一人攬下，弄得自己體累，屬下心累，結果還大多費力不討好，成績沒有看到，自己先倒下了。鞠躬盡瘁，死而後已，其精神固然可嘉，但方法卻並不可取。因為領導藝術實際也是一門減壓藝術，領導者要懂得適時有效地分解壓力、分攤憂慮，不能所有問題都自己扛。權力下放，疑人不用，用人不疑。這樣做不僅可以有計畫、有效地發揮團隊中每個人的長處，使他們盡心竭力地將自身作用最大化，充分施展自己的才華、能力和潛力，還可以在成就下屬的同時成就自己。

打好人際牌

「高處不勝寒」，越是位高權重，人際關係的壓力就越大，如何打好人際牌，對於在「高處」的保暖至關重要。

首先領導者應該清楚自己的角色定位，你是這個團隊的領頭羊，更是這個團隊中的一分子，不要總是一副高高在上的樣子，須知水能載舟亦能覆舟。在工作上為下屬提供即時的資源和協助，工作外的生活中也要多體恤、關心下屬，三不五時工作後與大家一起進行業餘活動，不僅可以自我放鬆，還能增進彼此瞭解，加深彼此感情。當然，還要注意與下屬之間保持一定的安全距離。你既是他的朋友，更是他的上司，保留適當的威嚴，才能便於你在工作中對下屬進行有效的管理。

維繫與下屬的關係的同時，也不要忽略對上司的關心。對待上司既不能過於疏遠，更不可以一味阿諛奉承，在你樹立忠心能幹形象的同時，還要切忌鋒芒畢露，避免上司對你心存芥蒂，為自己留有發展空間。

6、玩轉辦公室文化

辦公室文化，是企業文化中最生動有趣、最具人情味的一部分，一個企業的辦公室文化反映了這個企業的特質。如果說一家大公司的企業文化好比一部場面恢宏、氣勢磅礴的巨資製作的大片，而小公司的企業文化則猶如一部脈絡清晰、結構嚴謹、風格獨到的小成本電影，那麼辦公室文化就是典型的長篇「肥皂劇」，準時上演，妙趣橫生。

可是把不同學歷、不同背景、性格迥異的人，組合到一間公司的一個辦公室中，不同個體在共同的職場生活中會碰撞出不同的火花，帶來截然不同的關係和氣氛，勢必不會一直風平浪靜，偶爾的一個小浪花甚至排山倒海的巨浪，都會給這片平靜的海面帶來震盪。職業生涯中，因辦公室文化給職場人帶來的壓力也不容小覷，想要馳騁職場，必須要快樂玩轉辦公室文化。

我轉，辦公室不轉

在職場中，有一句話是恆久不變的真理：「你可以選擇職業，但是無法選擇同事。」同事是辦公室文化的主角，也就是說你註定無法選擇你要面對的辦公室文化。也許你削尖腦袋、過五關斬六將得到一個心儀的職位，正躊躇滿志地準備大幹一場時，會發現壓力當前，你在辦公室裡團團轉，可是辦公室裡氣氛仍然擰著，這就是你「玩不轉」辦公室文化了。

問題一：為他人背黑鍋

朝夕相處的辦公室同事，通常都是一個團隊裡的成員，在面對一項共同承擔的工作任務時，團隊合作在所難免。眾人拾柴火焰高，可是怎麼「拾」，如何分配「柴」，就是微妙的問題了。通常都是有計畫、有組織地分工後，各司其職，協同作戰，完成任務。

當任務分配明確、功過獎罰分明之時，往往辦公室中皆大歡喜，一片祥和。然而如果在任務分配時就模糊不清，工作中的某一環節歸屬模糊，出了問題時自然要上演相互推脫的戲碼；或者在同事向你請求幫助時，你因顧於面子或者出於同情伸出援助之手，

而你插手的這一環節恰恰出了紕漏，此時那位同事也許會保全自己，而把責任推諉於你，你自然一肚子委屈卻無力辯駁；又或者一個團隊中總有過於有責任感及欠缺責任感的人，當他們一起完成某一工作時，有責任感的員工總是不得不替欠缺責任感的人擔負後果、解除困難與危機，出了問題時，有責任感的往往扮演那個為他人背黑鍋的角色。當黑鍋在身，苦不堪言，不僅影響職業生涯發展，還會帶來壓力。

問題二：永無止境的加班

在辦公室中，還有一個不得不面對的普遍「文化」，同時也是職場人最為頭痛的壓力，那就是「加班」。

你也許為了這份工作的必須性、重要性，也許因為害怕被解雇，在海量的工作面前，只有默默承受的選擇。於是，多少個燈火通明的夜晚，你獨自一人留在空蕩蕩的辦公室，面對還未完成的工作，奮戰到深夜。偶爾為之也就罷了，可是手中的工作還未塵埃落定，新的挑戰又找上門來，一波未平一波又起，甚至做了太多不是你分內的工作，於是你陷入了周而復始的加班慣性中，被工作捆綁，不是合約下的員工，而是工作中的奴隸，終於這種狀況讓你不勝負荷，甚至快被逼瘋了，長此以往，苦不堪言。永無止境的加班不僅消磨著你的心理極限，最直接消磨了你的生理極限，身心皆遭受重壓。

問題三：形形色色的同事

辦公室文化的譜寫者就是「人」，就是我們身邊每天低頭不見抬頭見的同事，而這些同事往往風格迥異，與他們相處，壓力在所難免。

有的同事喜歡拉幫結派，拉攏自己的小圈子，甚至在圈內圈外散佈小道消息，充當消息靈通的小喇叭，有的甚至發展成為令人望而生畏的閒話，乃至人是生非的謠言，這樣的人很容易引發圈外人的對立情緒，讓每個人都避之不及。有的同事面對工作總是一副怨天尤人的模樣，尤其在其遇到挫折、飽受委屈、得不到信任時，總是牢騷滿腹、怨氣沖天，訴苦便成為他們的家常便飯，無時無刻不把「無奈」掛在嘴邊，辦公室的氣氛往往因此搞僵。有的同事則是不折不扣的「牆頭草」，人前人後兩張面孔，趨炎附勢，攀龍附鳳。主管面前充分表現，極盡溜鬚拍馬之能；面對同事或下屬，責任面前推三阻四，甚至愛理不理，一副施人恩惠的臉孔。還有一類同事喜歡特立獨行，故作姿態，舉止特異，新新人類，無論穿衣舉止都顯得太過前衛，或者給人賣弄風騷或怪異的印象，是辦公室中不和諧的身影……

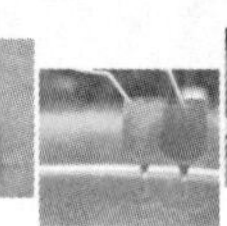

辦公室中充斥著形形色色的「怪咖」，他們是你無法選擇的同事，在與他們交往時，切忌過於親近，也不可距離遙遠，如何拿捏分寸十分重要，稍有不慎，就會壓力隨行。

問題四：與領導相處的壓力

辦公室中，面對同事和下屬時已經壓力重重，如何正確與領導相處更是十分敏感與複雜的問題。

同事各不相同，領導者自然也風格各異。與他們過招時更要小心謹慎，因為他們手中畢竟握著你的生殺大權。如果你恃才傲物，自矜其能，鋒芒太露，甚至因意見不合直言不諱，當面與其理論，這樣往往不會得到上司的肯定和賞識，還會引發他的危機感和嫉妒心理，擔心有一天會被你取而代之，如果哪天上司開始對你處處防備，你的職場生涯就不好過了。相反，如果你一味對上司妥協，當他需要你的意見時習慣跟著他的步伐，緊盯他的臉色，瞻前顧後，畏首畏尾，則會給上司留下缺乏主見、工作能力低的印象，也不利於職場發展，在這是進是退之間，你的壓力不言而喻。

辦公室轉，我不轉

對許多人來說，辦公室是工作的主戰場，以朝九晚五舉例，每天就有八小時的時間身處其中，如果缺乏應對辦公室文化的能力，無力應對，箇中滋味自然不言而喻。對你個人來講，最和諧的辦公室氣氛，是同事摩擦風生水起，我自巍然不動。

樂於合作，學會說「不」

團隊協作精神在每個辦公室中都是應當首要提倡的，同事之間要有良好的交流，當某人在工作中取得了成績，團隊中的其他人要真心祝賀，而當其在工作上遇到困難時，應不吝於伸出援手。因為職場中的成績往往是團隊協作的結果，而且辦公室不是暫時入住的旅館，而是自己每天上班時的「家」，辦公室內的事情不論大小都是自己分內之事。但是也應視情況而定，有時候有的同事是真的需要額外的幫助，而他恰恰是一位有責任感的人，那麼你可以幫他解決一時的難題或為他做些特別的讓步，他也會因你的幫助改善工作狀況，完全合情合理。但是也不免會有別有用心之人，利用你的熱情，轉移一部分的工作負擔到你身上，更不會在危機關頭替你辯護一句話，那麼不管他要求何事，都要學會對他說「不」，如果他因你的拒絕而生氣，仍要堅持你的選擇，告訴他這

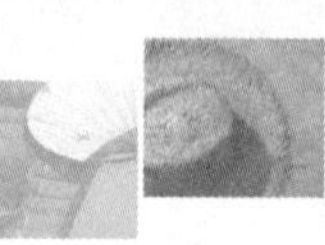
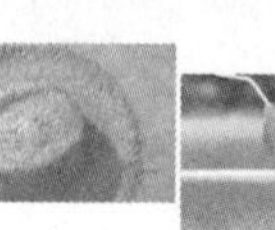

不是你的分內之事，對於並非你分內的工作無需過多解釋。

心甘情願地加班

幾乎每一個職場人都會遇到「加班」的困擾，有時是因為繁重的工作量不得不奮鬥至最後一刻，有時即使手頭的工作已經做完，上司卻臨時安排了一個會議或任務。正當你欲尋找脫身的理由時，看著一個個面露怨色卻依舊無奈堅守職位的同事，以及上司那張不容辯駁的面孔，也只好悻悻地返回座位，因為職場上有一條亙古不變的生存守則——凡事唯上司馬首是瞻。於是，夜幕降臨之時，許許多多燈火通明的辦公大樓裡滿是一群無奈的加班族，加班已成為職場人心中無法抹去的痛。

面對加班，最好的態度便是「心甘情願」。千萬不要對老闆說「我已經下班，有事請您安排到明天的工作時間」，這樣在上司的眼中你將是一個自大且對工作沒有激情的人，其結果可想而知。也不要挖空心思找理由脫身，如果你的上司是通情達理之人，也許並非大事，但是如果你的上司眼裡沒有比工作更重要的事情，即使他勉強接受了你的理由，還是會對你的工作態度留下負評。如果你迫於上司的壓力，習慣委曲求全地加班，並不瞭解自己的需求，也不擅長結合不同的情況做出恰當的選擇，往往也沒有什麼太好的收益。

正確的做法是，應先認清自己在工作中想要獲得什麼，如果加班對於你是階段性任務，是獲得晉升或學習累積的必要付出，認清其中的利害關係，就能說服自己坦然接受；其次，面對額外的工作負擔，你可以將其視為可以積極找尋努力成長空間的途徑，這樣不僅可以提高工作成績，還能讓超時的工作更加有活力、有目標；第三，在工作和生活間找到平衡點，做到「心甘情願」地加班，如果你不甘不願，既要承受加班還要抱怨，無法感受快樂的職場人成功的機率很低，還會失去品味精彩人生的樂趣。

與同事相處的藝術

辦公室文化的主題是「人事」，與形形色色的同事相處不僅是一門學問，更是一門藝術，稍不留神，就會落入令你尷尬的境地。

第一，要有自己的主見，不要人云亦云。如果你習慣於在辦公室中跟隨別人的想法說話、辦事，那麼你將很容易被忽視，在辦公室裡的地位也不會很高，要有自己的想法和主見，不管在公司的職位高低，你都應該勇於發出自己的聲音，表述自己的觀點。

第二，以和為貴，不要過於強勢。在辦公室裡與人相處要以和為貴，即使你的級別

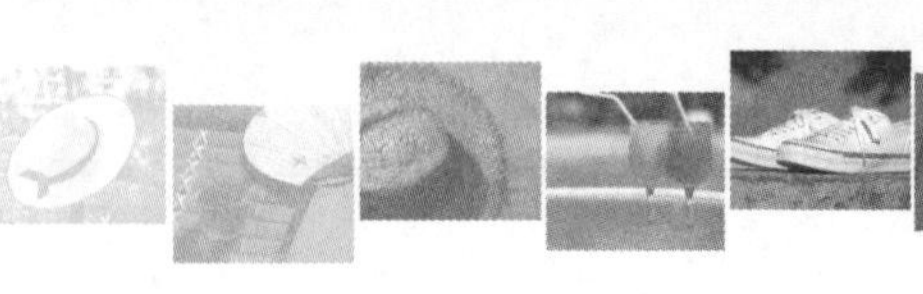

有所提高，也要有話好好說，不能用命令的口吻與人對話，當大家意見相左時，可以保留自己的觀點，對於那些不是很重要的事情，不要一味好辯逞強，表現強勢。

第三，處事低調，不要炫耀自己。即使你的工作能力出眾，頗得上司賞識，也要切忌在辦公室中大肆炫耀，要明白山外有山，人外有人，於職場中打拼一定要小心謹慎，另一方面，如果哪天上司對你額外獎勵，你的炫耀可能會招致有些人的嫉恨。

第四，辦公室是工作的地方，不是互訴心事的場所。一個辦公室中，總有人喜歡對旁人掏心掏肺、傾吐苦水，也許這樣的方式會使彼此之間變得友善、親密，但類似感情、家庭等個人隱私問題，還是不適宜在辦公室中洩露的，暫且不說與工作無關，就是從防止個人隱私被傳播的角度也應當慎重，另外，向同事傾訴工作上的不順利或者對老闆、其他同事的抱怨，更是不成熟、不考慮後果的行為，一定要防止「禍從口出」。

與上司相處的智慧

在辦公室中與上司的相處頗為微妙，因為他們不僅是你的同事，更是掌控你職場生殺大權之人，因此要格外注意方式，運用智慧。

第一步，瞭解。

與人相處時首先就要對他進行瞭解，上司自然也不例外，聰明的員工會去主動瞭解上司的背景、在公司的奮鬥歷史、工作習慣、奮鬥目標及他的喜好，這樣可以便於日後與其更好地共事，避免因為不瞭解而引起的尷尬時刻。

第二步，維護與尊重。

良好的形象是上司經營管理的核心和靈魂，你應當隨時注意維護上司的專業形象，同時不論是在私下場合或者公開場合，都要對其表示尊重，禮貌問好，多為其著想，上司一定會看在眼中並在日後回報你的好意。

第三步，溝通與學習。

對於那些知人善用的上司，要積極靠近，多與其做思想上的溝通，認真執行他們工作上的部署，並且善於向他們學習以不斷提高自身工作能力，同時要注重自身的「充電」。

第四步，關係要適度。

這條尤其對於上司為異性的情況，切忌關係過分密切，避免捲入對方私人生活中，因為過分密切的關係難免會導致同事的猜忌與不信任。

第五步，高效、積極地工作。

辦公室畢竟是工作的主戰場，工作中的優異表現最能引起上司的欣賞，高效率是喚起上司對你賞識的一種快捷方式，同時要積極主動地爭取工作的突破，為公司帶來效益，你必定成為上司的「愛將」。

第四章

城外城內，邊走邊看

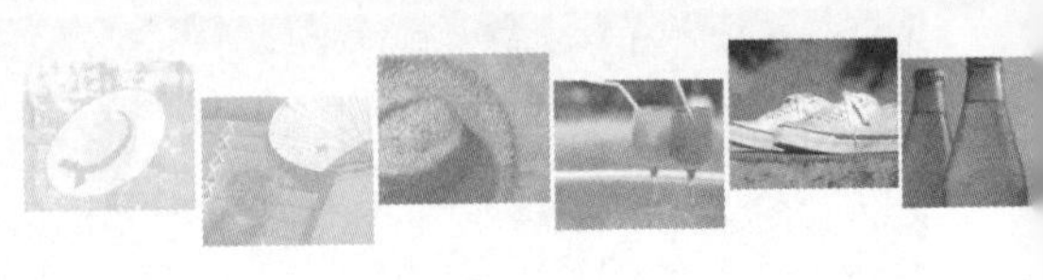

1、愛情「剩」鬥士

當婚禮進行曲在你的耳畔響起，當新娘們拋出的嬌豔捧花第N次從你的指尖劃過，當死黨又在你面前佯裝無意地大曬幸福，當你成為聚會上寥寥無幾的落單者，當你開始例行公事地頻頻出現於種種藉口掩飾下的相親場合……請接受這個並不包含貶義的稱呼——愛情「剩」鬥士！

何其無奈又悲壯的稱呼呀！被貼上「剩男」、「剩女」標籤的你，可以嘆息，可以灑脫，可以憤慨，甚至可以無謂。唯一不可以的，就是被它打垮！

請明白，世界上有圓滿姻緣，自然也會有愛神未及照顧到的你。也許，是小天使手中的那支箭射程有限，又或者排隊等待被那一箭穿心的人實在為數眾多，總之，你被「剩」下了。「剩」得可惜而不可悲，「剩」得無奈而不無望，壓力或許存在，但是我有我的快樂！

我是愛情「剩」鬥士！So what？

為何披上「剩」衣

「剩男剩女」，一個日益龐大的群體，統稱那些到了當婚當嫁之年依舊止步於圍城之外的男男女女。若究其披上「剩」衣的原因，大多流露痛說革命家史的苦衷，但追根究底還是內因結合外因作用的結果，大致分為以下幾類：

完美主義型「剩」鬥士

「沒有最好，只有更好」是此類型「剩」鬥士的堅定信念。事業、外表、背景、學識、修養、性格、愛好……甚至於星座、血型的匹配程度，都是他們選擇另一半的嚴格標準。

這類人要求完美、追求完美，對人對己皆如此，通常在自己的生活中就極盡完美之能，自身條件普遍優越，對於即將共度此生的伴侶要求之嚴苛更是可想而知，甚至到了偏執的地步。可是將理想照進現實畢竟只是一廂情願的童話而已，盡善盡美的主角只能活在瓊瑤的筆下。當眼前現實中的形象漸漸清晰，理想的泡泡便被一個個無情戳破，於

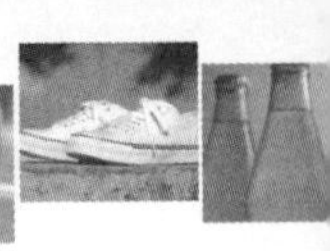

是在經歷了無數次失望、無數次否定後，索性加入了「剩」鬥士的行列。

事業至上型「剩」鬥士

這個類型的「剩」鬥士大都看重自己的事業與成就，事業心頗重。或忙於在激烈職場中削尖腦袋求上位，或忙於創業，開闢自己的一畝三分地，或忙於站穩腳跟，一路披荊斬棘做大做強，或忙於加官進爵，或忙於學術有成……工作幾乎佔據了他們生活的全部，「忙」是他們的唯一寫照，要他們擠出時間談情說愛、你儂我儂，自然不切實際。於是顧此失彼，在本該花前月下之時或者無心顧及，或者無暇維持，待到事業有成驀然回首，身邊眾人早已成雙成對，此刻終驚覺時間不等人，不知不覺已披上「剩」衣。

談情色變型「剩」鬥士

「一朝被蛇咬，十年怕井繩」是此類型「剩」鬥士的典型心態，說白了，都是情傷惹的禍。年少時，懷揣滿腔愛意，電光石火、一觸即發，不惜飛蛾撲火般執著，但世事終究難料，再怎麼熊熊燃燒的愛火，也禁不住時間和現實這兩盆冷水的當頭澆灌，於是頃刻間的熄滅無疑造成脆弱心靈上的致命重創。不管你這創傷是因何而生，自我調適不好的都會留下永遠的傷痛，也許從此「曾經滄海難為水」，也許看盡冷暖後心靈遁入空門。以後的時間裡，對其傾心者稍獻殷勤，得到的不是冷言冷語，便是落荒而逃。總之，提什麼就是別提愛情，我怕了！

追求自由型「剩」鬥士

此類型的「剩」鬥士，生性嚮往自由，恨不得插上翅膀馬上騰空飛翔，最畏懼的就是被束縛，對可能剝奪其自由生活的一切有種本能的抵觸，皆敬而遠之，為恐婚症多發群體。單身生活為他們的心靈與行動，帶來絕對的雙重自由，「獨行俠」般的處世模式已足以滿足其各種需求，大多從事自己喜歡的工作，朋友是他們生活中不可或缺的組成部分，玩心頗重。婚姻無疑將改變他們固有隨性的生活軌跡，想想從此將數十年如一日地圍繞柴米油鹽生活，便像遭遇洪水猛獸般，愈想愈怕，愈怕愈逃。可以說，他們是自願加入「剩」鬥士隊伍的。

邊走邊看型「剩」鬥士

「隨緣」是這一類型「剩」鬥士的普遍心態，他們邊走邊看，隨遇而安，自身條件

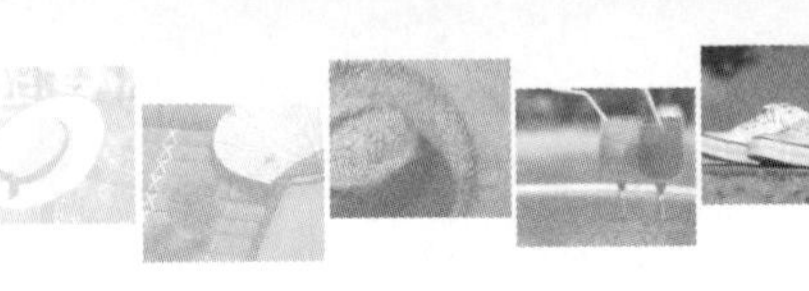

多為尋常。另一半的形象在腦海中似乎清晰可見，卻又模糊不清，或許談過幾段不慍不火的戀愛，但始終不清楚自己想要的是什麼。通常面對條件過於優越的異性未免妄自菲薄，不敢高攀或者擔憂前景，但對於與自己心理預期落差較大者又表現挑剔，是高不成低不就的典型。於是在一路走一路看，挑挑揀揀，不過高期望也不嚴重失望之後，只能發出「得之我幸，不得我命」的感慨，一切隨緣。殊不知，時光流逝，已踏入「剩」鬥士的陣營。

「剩」鬥士面臨的闖關之路

既然已經身披「剩」衣，無奈也好，無謂也罷，「剩」鬥士們都已整裝出發，而路上需要肩負的重重壓力、面臨的層層關卡，逃是逃不掉的，還是面對吧！

外界如影隨形的「逼婚」壓力

不論「剩」鬥士們對單身的現狀多麼泰然處之，抑或冷暖自知，活在自己的世界時總還能得過且過，可是一路孤身前行的身影在大多數常人眼中仍舊顯得不合情理，與路上的尋常風景格格不入。單是路人也就罷了，可以堅持「走自己的路，讓別人說去吧」的灑脫，若是身邊至親朋友，便真會陷入左右不是、進退兩難的境地了。

首先，「剩」鬥士要面臨耳根子的最大挑戰。「有合適的對象嗎」、「為什麼還不結婚啊」、「有什麼難言之隱嗎」……諸如此類的問題將成為你備份腦中隨時應對的家常便飯。起初還有一一安撫其好奇心的熱情，時間一久便漸漸免疫，「結婚了嗎？」已然成為一句專屬於自己的問候語，乾脆開始淡然處之。然而樹欲靜而風不止，眼見你越來越鬆懈的神經，你的單身現狀此刻已經升級為家人眼中的頭等大事，逢年過節更是成為各種聚會上至關重要的談話內容，「過年恐慌症」由此而生。於是，本著對你未來負責的出發點，親戚朋友都被統一調動，瞬間拋出鋪天蓋地的關係網，你所要做的，便是以實際行動回報他們的熱情。終於，「剩」鬥士們又扛起了家人賦予的又一重任——言聽計從地頻繁出席於他們精心安排的一次次相親場合。

相親，是對「剩」鬥士們身心的又一考驗。素昧平生的一男一女，通常都會在費心打扮後盛裝登場，外在的第一印象好壞是決定相親是否成功的重要因素，退一步說，成不成的不能丟了面子不是。接著進入正題部分，這類相親大多充滿計畫性，對方也多是

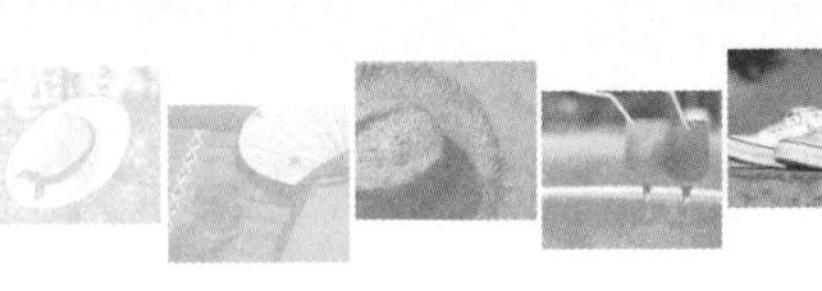

欲藉此脫離「剩」鬥士隊伍者，境況類似，目標一致，務實便成為彼此的共同出發點，所以在兩人見面之前就已互相掌握了基本情況，例如什麼學歷、工作如何、脾氣性格、家庭情況等，於是決定成敗的關鍵就體現在「是否順眼」上了。一面之緣僅能瞭解皮毛，一見鍾情的並不多見，如果心生好感，便為後續的接觸提供了機會，這樣既能為結束單身創造可能，又能對得起媒人的一番好意，實在皆大歡喜。怕就怕橫豎看不順眼，如果對方是一「絕緣」體，相親過程本身就是一次身心的折磨，或者硬著頭皮撐下去，或者費盡心機謊話脫身，逃離現場後還要承受對媒人的愧疚之心，迎接你的更將是家人的不滿與不解，還有沒完沒了的下一次相親。

自身不被認同的心理壓力

「剩」鬥士中，有人不以為然過著單身生活，更多人如坐針氈。畢竟在深入人心的「男大當婚，女大當嫁」觀念影響下，社會給予他們的心理壓力越來越大。當身邊生活圈中的朋友、同事前仆後繼紛紛步入圍城，甚至開始為人父母時，自己被「剩」下的現狀更為明顯，並且愈加緊迫，成為「異類」的感覺開始使他們變得自卑，挫折感佔據心中。社會壓力、找不到伴侶的焦慮，使有些「剩」鬥士逐漸變得敏感、憂鬱、封閉、焦慮或者暴躁，而孤單、無助甚至感覺被拋棄，也是他們常有的心理陰影，他們無時無刻不在承受著「談婚論嫁」的壓力。同時，由於缺乏安全感，「剩」鬥士們對愛情的不信任態度也愈加明顯，「愛情恐慌症」開始蔓延。這些心理壓力已成為他們不得不闖過的艱難關卡。

我「剩」我快樂

剖析了「剩」鬥士身披「剩」衣的原因，細數過他們前路上的重重關卡，如何排除萬難闖關成功便成為當務之急。其實掌握一本通關寶典並不難，其中真諦便是快樂，「我『剩』我快樂」！

我「優」故我「剩」

通常在適婚年齡的「漏網之魚」，都有以下幾個共同點：

首先，足夠獨立，尤其在經濟方面，之前忽略愛情的埋頭打拼並不是一無所獲，反而大都已經到了收穫的季節，多為職場上的佼佼者，不乏「高學歷、高收入、高職位」

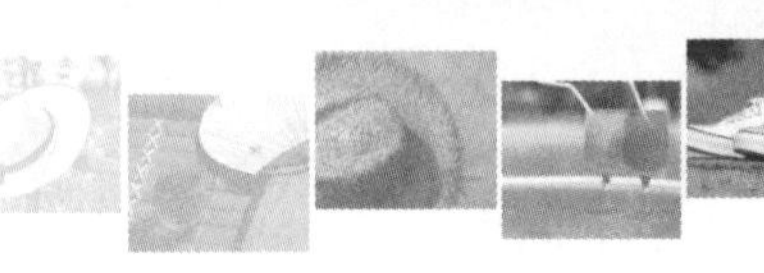

者，現實生活中物質上的壓力足以憑藉一己之力承擔，所以不需要仰仗任何人。

其次，經過歲月的雕琢、閱歷的增加，個人魅力此刻也被凸顯，在被「剩」之年，早已出落得有思想、有個性、有原則、有品味、有理智，感情豐富，心思細膩，成熟穩重。

再次，隨著時間的推移，經歷了人間冷暖，「剩」鬥士們大都善解人意，懂得珍惜，是內在優質的典範。

因此，「剩」鬥士們大多都是傳說中的績優股。我「優」故我「剩」，我「剩」我快樂！

我「挑」故我「剩」

「挑」，乍聽之下是個矯情的字眼，其實它還有一個更為準確的詮釋，就是「負責」，對自己負責，也對未來負責。「剩」鬥士們寧可負責任地被「剩下」，也不能湊合著把自己「打發」，寧缺毋濫！

因為負責，他們在茫茫人海中只想找一個能讓自己對上眼的人，他們可以讓自己孤獨，讓自己寂寞，就是不可以讓自己隨便和人戀愛；因為負責，他們是有所要求的，在心裡也會有對另一半的憧憬，希望彼此的遇見是一個浪漫美麗的邂逅；因為負責，他們對愛專一而執著，他們有自己獨特的思想，能夠堅持自己；因為負責，他們不會為了結婚而結婚，哪怕周圍壓力重重；因為負責，他們尊重婚姻，尊重感情，他們不會隨便開始，而真正和別人交往了那麼自然而然就會把對方當成是婚姻的對象，因為婚姻而戀愛，他們是珍惜生活的人。

「剩」鬥士是堅持的，是負責的。我不是甘願「剩下」，而是不願「將就」。我「挑」故我「剩」，我「剩」我快樂！

享受「剩」生活

請相信，「剩」只是眼前暫時的生活狀態，我們都是一路行走一路尋找，身邊已經有人相伴的人只是比我們先一步找到幸福，與我們同行的眾多「剩」鬥士還在路上。我們要做到的，就是在告別單身前享受單身生活，享受這份自由，享受尋找的快樂，享受過程中的成長，不強求也不放棄，做一個快樂的「剩」鬥士，享受「剩」生活！

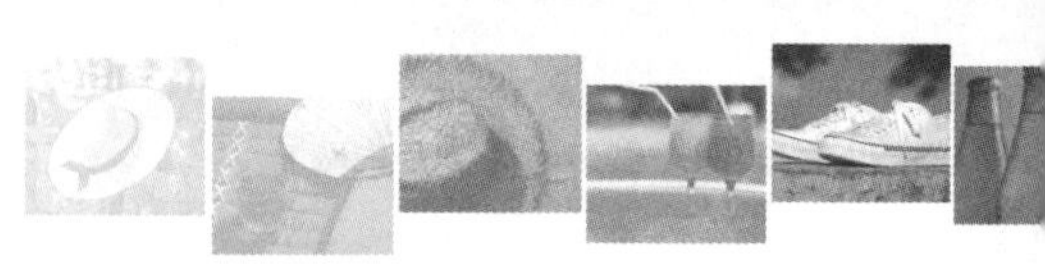

2、愛情，左燈右行

愛情的模樣是什麼？也許沒有人能夠準確地丈量或勾勒，但可以肯定的是，經歷過愛情的人面對這個問題時，或者會心一笑，或者沉默不語，未曾經歷過的，都會充盈滿目的期待。在每個人的心中，總有一個並不清晰的愛情的身影，我們追尋著這個模糊的所在，從來樂此不疲。

愛情是上帝賜予我們的厚重禮物，是人類最不可思議的情感，愛情中的我們體會甜蜜、品嚐哀傷，愛情是我們人生中最美的風景。

可是愛情的道路不曾一路順利，每個愛情的十字路口，我們都要面臨左燈右行的選擇。如何面對戀愛中的各種壓力，是我們的愛情能否最終開花結果的關鍵。

我們一路尋找、一路追逐，我們在快樂中收穫愛情。愛情左燈右行，又會是一個峰迴路轉的開始！

入門篇

每個童話故事的開始，都會有兩個未曾謀面的王子和公主，他們終要經歷千難萬險後幸福地生活在一起。然而在初次四目交會之前，王子和公主都會在心中偷偷勾畫對方的眉眼，也許溫婉嫻靜，也許玉樹臨風……現實生活中，戀愛入門前的必修課之一便是「擇偶」。

時代變遷，「擇偶」標準應時更替，「郎才女貌」的搭配法則out了。在如今社會現實的催化下，等待墜入愛河的男男女女用越來越細化、越來越具體的條件篩選著日後的伴侶，其中普遍的規則被戲謔地總結為「男人愛美，女人愛財」。

首先，男人們對美女的青睞幾乎是亙古不變的定理。出得廳堂，入得廚房，知書達禮，善良孝順，賢慧溫柔，加上諸如身材、年齡、氣質等等尺規。其次，女人對男人的要求則是越來越實際。為人要幽默風趣，懂得浪漫體貼，家底殷實，工作體面，沒有複雜的家族關係等等，有人戲謔說這條件概括起來就是「有房有車，父母雙亡」。男人吃不消，慨嘆「現在的女人太現實」！

其實，在擇偶時立下眾多門檻無可厚非，但是動機不純，則良緣難覓，雙方都會被

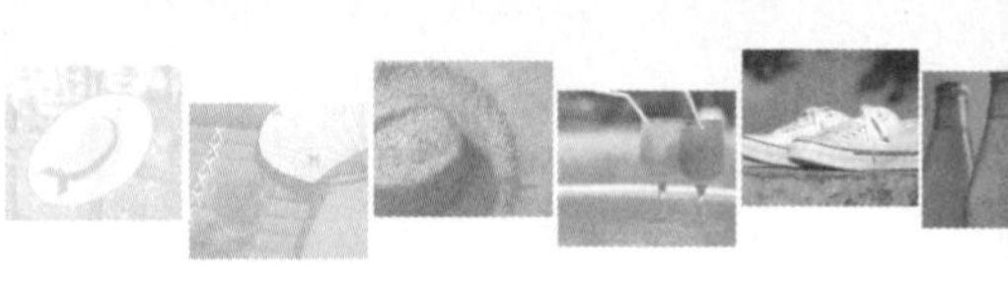

壓得喘不過氣。愛情畢竟是感覺導向的，不是靠條件愛出來的，首先要有心動的感覺。金錢也許可以衡量一個人的事業是否成功，是對家庭、對情感是否有承擔力的一個砝碼。不過，一個人越強調金錢就越容易痛失金錢與愛情，畢竟婚姻不是生意，在感情的問題上太精明、太現實，整個事情就會變得無趣。貪婪與虛榮是所有人都厭惡的，你又如何在這樣的擇偶觀下收穫真摯的愛情？倒不如調整自己已經偏離的態度，抱著快樂愉悅的心態，為長遠考慮、從自己實際情況出發訂下標準，尋找自己靈魂的另一半。

雖然在心中無數次地想像了對方的模樣，當他真正站在自己面前的那一瞬，你還是會體會呼吸困難、小鹿亂撞的劇烈衝擊。接下來要做的，就是「捅破那層窗戶紙」——追求，能不能譜寫一段愛情佳話，關鍵就在此一舉了。

男性通常為求愛大軍的主力。求愛者的態度往往不一，有直截了當的，有吞吞吐吐的，有藏藏躲躲的，有轉彎抹角的，有隱約含蓄的，有巧舌如簧的，甚至有跪地哭求、詐死要脅、威迫利誘等等非主流方式的。求愛的過程也並非一帆風順，大多男生會在如何表白的問題上徘徊不前，遇到心儀女生渴望卻不敢對其吐露心聲，害怕被拒絕，通常表現為臉紅心跳，渾身不自在，說話不好意思正視，目光閃爍，私下排練了無數次的對白一句也沒用上，追根究底都是缺乏自信的表現。

自信心是做好每一樣事情的基本條件，追求女生自然也不例外，想成功地「抱得美人歸」，首要的就是滿滿的自信。即使你不是「白馬王子」，也可以將照著王子的模樣打造自己，關鍵是那份充滿自信的氣質和風度，令對方難以抗拒，如能做到這一點，已成功大半。對於表白的具體方式可以因人而異，有的女生矜持內向、有的活潑開朗，有的放矢才能萬無一失。即使最後遭遇拒絕，也應愈挫愈勇，等待下一次幸福的降臨。

甜蜜篇

戀愛中的每個人都是寶貝！

寶貝們在品嚐愛情時掉進蜜罐都會覺得沒味兒！

初步入愛情，新鮮感漫天飛，對方的一顰一笑、一舉一動都會成為縈繞心中的完美畫面。但是熱戀期同樣有壓力，這些壓力因熱戀而生，是「甜蜜的負擔」。

壓力一，對於另一半的過去過多重視，追根究底，表面大度滿不在乎，其實心中早

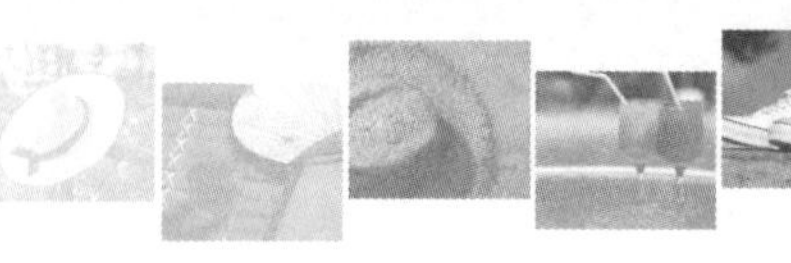

已暗潮洶湧了。如果對方恰恰又是一個感情史豐富的人，當他將過往對你和盤托出時，你除了平添醋意、心生疑慮，為今後的交往蒙上一層陰影，又有什麼收穫呢？如果你已經愛上他，可是你的心還沒有強大到接納他所有的過去，就不要刨根問底，收起蠢蠢欲動的好奇心吧！畢竟你擁有他的現在和未來。

壓力二，塑造最完美的自己。美麗炫目的「光環」可以掩飾一切，熱戀中的男女彷彿置身於熊熊燃燒的火焰，火焰之上的「光環」掩蓋了燃盡後的灰燼，我們的主角們都在一邊不停拾柴、一邊努力藏匿自己身後的灰燼。

人總是有意識地在他人面前展現優點，尤其是心愛的人面前，熱戀中的人更是如此。擔心自己的不足把他嚇得落荒而逃，於是時時處處小心掩飾。當然這不能被歸結為惡意的欺騙或虛偽，而是人最自然的源於「愛」的壓力。

其實，真正的愛是一個巨大的收容器，不僅要裝盛彼此的華衣，更要收納彼此華衣下真實的自我，其中自然包含缺點。不必為此小心翼翼、如履薄冰，真誠地面對彼此，將熱情轉化為完善自我的動力。人人都不可能盡善盡美，缺點不僅會是你終結一段並不成熟感情的導火線，也可以成為開啟你長久幸福的試金石。

壓力三，獨佔慾膨脹。愛一個人，就很想佔有他。分開時如影隨形的查勤，相處時對彼此生活無孔不入的滲透，恨不得在對方的身上貼上專屬專用的標籤。問了太多遍的「你愛不愛我」，為出沒在他身邊的異性吃著數不清的飛醋，像一隻戒備森嚴、豎起渾身利刺的刺蝟，守衛著自己的一畝三分地，誓將「獨佔神話」進行到底。如此一來，不僅使自己逐漸深陷失去自我的泥沼，還會適得其反地使對方漸行漸遠。倒不如留給彼此一些空間，畢竟每個人都是屬於自己的個體，這樣既可以為愛情保鮮長青，又能避免不理智的自我迷失。

磨合篇

新車上路初期，必然要經歷一段「磨合期」，這期間可以調整提升汽車各部件適應環境的能力。同樣地，「磨合期」也是戀愛的必經階段。熱戀的時候，有情飲水飽，可是當感情慢慢歸於平淡，不和諧的音符就會開始出現，此刻戀愛中的男女在性格、生活等方面的差異，極易導致摩擦，各種問題便如雨後春筍般一一破土浮現。這個階段至關

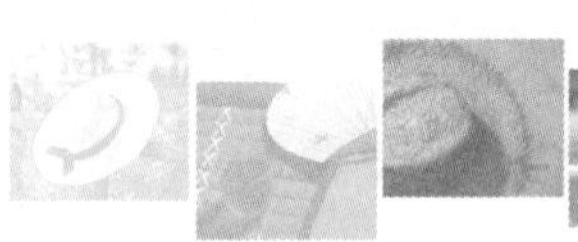
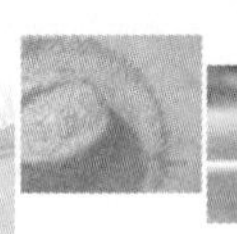

重要，也許使戀愛中的雙方關係得以昇華，也許將王子公主的最初美好愛情引向夭折。「磨合期」實則是彼此的一種融合，是兩個各方面存在差異的個體相互瞭解、接受並適應的過程。

熱戀期的甜蜜為彼此穿上了美麗的外衣，當熱情漸漸趨於平淡，一直緊繃的神經也開始懈怠，彼此便露出衣服下掩藏的真實自我，脫離了剛開始表現的完美形象。我們可能會因為對某部電影中某個橋段的某句台詞意見相左而冷戰，也可能因為週末的晚餐內容而爭吵，或者因為約會時對方的姍姍來遲而惡言相向……總之，由於之前雙方不同的生活閱歷、成長背景、日常習慣、脾氣性格等諸多因素，彼此的缺點都會在芝麻綠豆的瑣碎小事中爆發。由於眼前的現實與當初的期望相距甚遠，各自又懷抱強烈的自我意識，好面子的我們互不相讓，於是冷戰應時而生。

這是一個勞心勞力、得不償失的艱難過程，「被動」是一個魔咒，控制著我們的身體不向對方妥協，可是心裡卻實實在在地反覆品嚐著酸澀、猜測、失望、痛苦的滋味，到最後執著的我們甚至忘了當初堅守的意義，現實中許多的戀情都是在這種冷戰中不了了之。其實，只要我們拋開「好面子」的束縛，認識到戀愛中也並不完美的自我，喚醒壓抑心中的包容與付出，懂得寬容和體諒，明白冷戰中的堅持是愚蠢的，為了那個你愛的他，低一次頭又何妨？

如果說冷戰是「磨合期」中戀人主觀上施予對方和自己的壓力，那麼一段戀情與家庭的融合程度、與事業的和諧共處，則是一對對鴛鴦要面臨的客觀壓力，這也與其戀情最後能否開花結果關係甚密。

雖說戀愛是兩個人的事，但是現實中家人對於戀情的接受程度，在戀情的走向中起著至關重要的作用，「羅密歐」與「茱麗葉」的遭遇不是只存在於莎翁筆下。如若門當戶對，另一半又甚得家人喜歡，譜寫一段佳話自然順理成章，可是往往事與願違，由於身家背景之差，或者舊觀念與新思想的背道而馳，甚至僅僅因為雙方氣場的不相投，都有可能造成水火不容的局面。此時要不堅守陣地與家人頑抗到底，最後乾脆為愛走天涯，要不手臂擰不過大腿實在不敵壓力到頭來一拍兩散分手收場，不論哪種結局，都難免痛徹心扉並傷及他人。真正理智的做法是，先細細品味家人反對的原因，畢竟過來人的真知灼見有時可以為你擦亮眼睛。如果還有迴旋的餘地，就要積極充當雙方的橋樑，增加雙方瞭解溝通的機會，並即時疏導他們的心結，緊張的氛圍勢必能因此趨向緩和。

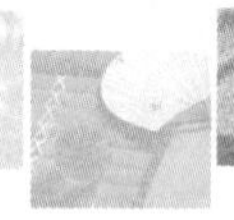
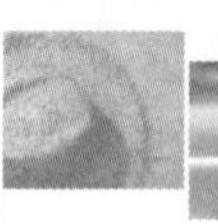

至於事業發展在戀愛中的影響也不可小覷。戀愛中的年輕男女通常容易為了事業的攀爬忽視對方，關於愛人與工作在時間分配上的衝突比比皆是，其實，只要讓對方明白，眼下孜孜不倦地埋頭工作是為了共同的美好明天，是一種理智負責的感情態度，同時適時做一些彌補，這些問題對於成熟的戀人都是可以克服的。在工作上遭遇阻力和轉折時，也要善於聽取對方的意見，畢竟這關係到兩個人一起攜手的未來。

分手篇

當風花雪月轉眼過眼雲煙，當你儂我儂成為相對無言，當心目中的王子公主露出凡人模樣，當熾熱的愛意在現實中折斷翅膀。很遺憾，我們分手了。這是一段神話的終結，這是不可言說的痛楚，箇中冷暖自知。

分手的原因有很多，可能止步於「磨合期」，可能阻斷於第三者的介入，可能終結在日益平淡的生活，總之，無論你在分手中扮演什麼角色，傷害抑或被傷害的一方，只要曾經真心相愛，這都無疑是對彼此的重創。

如何正確面對分手，「好聚好散」是一個人感情走向成熟的必修課。首先，避免糾纏不清，死纏爛打。戀情走到這一步有的人總會心存不甘，但苦苦糾纏，甚至使出惡意的報復手段等過激方式挽留對方，不僅不尊重自己，更會使曾經的美感消失殆盡，不如灑脫放手，讓美好在記憶中延續。其次，不應否定自我，要重拾信心。分手有時不僅僅帶走了一段感情，更帶走了失意者那原本堅強的自信，他們會陷入自我否定的泥沼，認為是自己不夠出色才痛失愛情。其實不然，何不換一個角度，上天如此安排是給你一個尋找真正欣賞你的人的嶄新開始，自信是通往新生活的入口。最後，切忌杯弓蛇影，止步不前。受到情傷的人，往往日後會談情色變，甚至不再相信愛情，終日活在過去的陰霾下，拒絕再次敞開心房，止步不前。要知道人生的路依然漫長，屬於我們的真愛在前路上靜靜等待，如果我們總被從前牽絆，步履蹣跚，怎能擁抱下一站更絢爛的風景？

當往事隨風釋散，留在我們心中的或許是抽絲剝繭般的刻骨銘心，或許是淚眼朦朧中的依依不捨，可以肯定的是，我們的人生依然如期上演，如此美好的劇情仍舊會一次次地點亮舞台。事過境遷之後，我們不經意地淡然回首，當初留下的點點過往已經撲上滿滿塵埃，只是在微風輕拂的片刻，隱隱透出熟悉的樣子。

3、圍城裡的別樣風景

有人說「婚姻是愛情的墳墓，愛情於婚姻中入土」，也有人說「婚姻是一所大學，明白自己想要什麼的是學士，懂得對方想要什麼的是碩士，能把日子過得如春日出遊一般愉快，不給自己留下遺憾，也不給對方製造遺憾的，便是博士了」。其實，婚姻不僅僅是簡單的關於「嫁娶」的事，它更是一種結合，是相愛的雙方個體、家庭及社會關係的結合，這種種結合充斥著「圍城」內生活的方方面面。

莎翁說「一千個讀者眼中有一千個哈姆雷特」，也可以說「圍城」內的一千個婚姻就有一千種別樣的風景。如何用心與智慧面對和化解婚姻中的種種壓力，是每個追求幸福婚姻的人們生命中孜孜不倦的課題。

圍城裡風景別樣，我們在經營中不斷成長，讓圍城內躍動快樂的音符。

在「城外」徘徊

婚姻是一座「圍城」，城外的人在愛情幾近成熟之時，會自然而然地想要步入「圍城」，這本是愛情最美好的歸宿，可是總有一些人徘徊在「城門」之外，遲遲不願叩響面前的城門，甚至有的人會於此悄然轉身離開。他們，都患上了「婚前恐懼症」。

婚前恐懼症

茱莉亞．羅勃茲曾經主演過一部賣座影片，片名叫做《落跑新娘》，描述年輕女子瑪琪因為對於婚姻的恐懼，而四次逃離婚禮現場的經歷。在銀幕上這是一個令人啼笑皆非的故事，而在現實生活中，這樣的「恐婚」族並非少數。

該病患的癥結往往源自於他們的內心，他們往往會在心中一遍遍的重複疑問：他是我最愛的那個人嗎？我可以和他相守一生嗎？我能融入他的家庭嗎？婆媳關係真的那麼難相處嗎？婚後會不會被束縛，是否再也不能像以前般自由自在了？朝夕相對，會不會最終相對無言？如果遭遇婚外情怎麼辦？有了小孩我可以做個稱職的爸爸／媽媽嗎？……如此繁複的疑問在腦中充斥，使其預見了婚姻中的重重壓力，於是新的壓力由此悄然滋生，對「圍城」望而生畏。

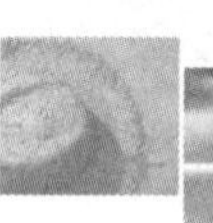

其實，這些準新人的焦慮，源於對婚後自我人生質的轉變的恐懼，以及對完美婚姻與愛情的渴望。他們並不拒絕愛情，卻懼怕將愛情帶入婚姻。這是一種具有代表性的現代社會心理疾病，究其病因主要是因為現代人通常渴望一種自由的、無牽無絆的生活及自我意識，當意識到婚後生活方式與角色的重大轉變，以及婚姻中各種矛盾與各種責任關係的時候，便產生了一種恐懼心理和逃避心理。

其中「恐婚」族大多數為女性，她們主要擔心婚姻會產生變數，愛情不會長久，對婚姻穩定沒有信心。男性則會因忽然認識到婚後有那麼多事情得自己來「扛」，肩膀上的壓力陡然增加而止步不前。同時，由婚姻中因家庭間的融合帶來的情感和經濟上的摩擦與碰撞，都從側面加劇了婚前恐懼症的發展。

克服恐懼，面對幸福

面對婚前恐懼症並且戰勝它，讓我們的愛情在最甜蜜的時刻開花結果，是我們邁向幸福婚姻的第一步。

首先，調整心態，走出完美主義的錯誤觀念。擺脫對婚姻生活的幻想，不要存在過高的期望與奢望，不要一味要求完美無缺的愛人，意識到婚姻的實質是結合互補並且共同承擔責任。

其次，增強自信，擺脫不信任婚姻的陰霾。不管曾經遭受什麼，都應該相信愛情、相信婚姻，同時明白婚姻中的保鮮之道，完善自己，用心經營。

第三，接受變化，做好寬容面對家庭融合的準備。調適心態，明白婚姻不僅是兩個人的事情，更是與對方所有家庭關係、社會關係的融合，寬容面對由此帶來的各種變化。

當真愛來臨，你行至圍城門外，請不要畏懼，微笑著叩響它，迎接你的將是一片幸福的風景。

「城中暗戰」

「婚姻是一座圍城，外面的人想進來，裡面的人想出去」，這句話似乎道出了婚姻中男女的普遍心態。從紙婚到金婚、鑽石婚的過程，不僅僅彰顯了歲月的蹉跎，更顯露著婚姻中的智慧與從容，並非易事。「城中」的生活或許看似波瀾不驚、一成不變，實

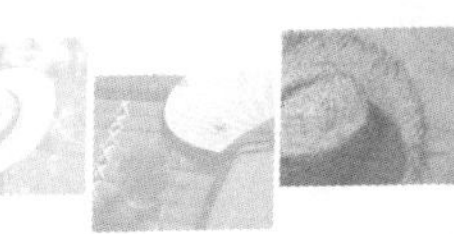
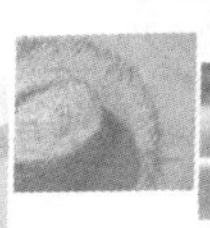

則也並非一帆風順，平靜下的較量時刻上演，有時甚至升級為短兵相接的正面交鋒。

「暗戰」正在進行，壓力無處不在……

「主角」之爭

夫妻是婚姻生活的主角，兩個不同的個體生活在同一屋簷下，鍋碗瓢盆、柴米油鹽，「暗戰」在所難免，小小的家庭成為「暗戰」的主戰場。

第一回合，個體的差異。

婚姻生活並非婚紗般的浪漫，它是來自不同家庭、不同文化背景的兩個異性相結合共同生活的過程。背景學歷、思維方式、情感表達上的種種差異，在婚前或初婚階段上，也許是種吸引力，但是隨著共同生活的深入，在瑣碎的生活下，差異逐漸帶來壓力，壓力引發「戰鬥」。如果夫妻雙方都過於自我，一味地想改變對方，或者缺乏溝通，以為「一切盡在不言中」，小問題拖成大矛盾，都極不利於婚姻的維持。

舉一個簡單的例子，婚姻生活中，問題當前，先生總是習慣找個洞藏起來，自己慢慢消化，而妻子往往不適時機地在旁喋喋不休，於是先生不滿於妻子無休止的嘮叨，妻子則埋怨於先生不貼心的漠視，問題隨之而來。

第二回合，生活瑣事引矛盾。

有人說，婚姻其實就是每日柴米油鹽醬醋茶的週而復始，正是一件件平凡的瑣事構成了婚姻生活的主要內容，它們就像平靜湖面上突然落入的小石子，打破了如昔的平靜。日常生活習慣的不同、家務的分配、家庭生活的分工、家庭開支的使用……諸如此類的矛盾幾乎是每對夫妻都要面對的問題，通常各持己見，強調自己的付出，忽視對方對家庭的貢獻。

第三回合，生活的改變。

每對夫妻一生中都要經歷無數意想不到的變化，諸如家庭結構的變化、家庭角色的變化、工作的變化、生活環境的變化，以及所有意想不到的突如其來的變故。婚姻在一成不變的生活中也許能夠風平浪靜，但夫妻雙方面對變化的適應程度、應急表現及由此帶來的夫妻關係的改變，則動搖著一段段婚姻的根基。

第四回合，信任危機。

可能出於愛之深疑之切，或者因為不自信，又或者有前車之鑑，如今夫妻之間的信任之牆越來越薄弱，男人出軌、女人出牆在考驗著一個個婚姻的底線，「親子鑑定」、

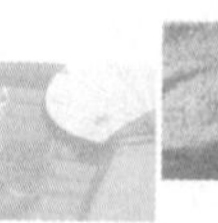
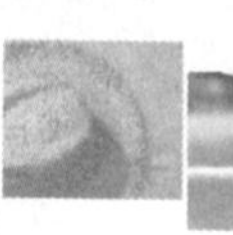

「徵信社」應運而生。信任危機已成為動搖婚姻的元凶。

第五回合，家庭責任與經濟壓力。

「貧賤夫妻百事哀」這句話非常具體地反映了婚姻中經濟狀況的重要地位，同時經濟狀況又與家庭責任息息相關。沒有經濟做為後盾，基本的生活需求尚不能滿足，加之婚姻生活中要負擔的各種責任與義務，例如贍養老人、撫養子女等，更使得婚姻生活步履維艱。許多夫妻在沉重的經濟壓力下矛盾逐漸升級，最終分道揚鑣。

第六回合，性生活不和諧。

性生活在婚姻家庭生活中，扮演著至關重要的角色，它不僅肩負著繁衍後代的責任，還是夫妻雙方自然的生理需求，更是夫妻關係的黏合劑，性生活的和諧可以更加鞏固夫妻間感情。可是由於工作壓力、身體疾病、性觀念差異、缺乏溝通等原因，有些夫妻的性生活並不和諧，久而久之，夫妻間的感情不和便容易產生。

婚姻若深邃大海中的一葉小船，有時晴空萬里，有時駭浪驚濤，有時海面風平浪靜卻暗潮洶湧，能否行至彼岸，關鍵就在於駕馭小船的能力。如何讓我們婚姻之船一路乘風破浪，遠離觸礁的危險，是一門學問。

第一，尊重彼此的個性，不要執意改變對方，保持自我的獨立性。

夫妻雙方的差異是在所難免的，脣齒相依久了也會有磕碰的時候，此刻不能一味要求對方改變。首先，一個人固有的個性是很難在朝夕間更改的。其次，如若不注重方式可能會產生適得其反的效果。不試圖改變對方，並不意味著放任對方，而是不要強迫對方去改變，如果注意引導對方改變的方式，讓對方願意配合自己去改變，則會取得「雙贏」的效果。同時，在婚姻中要保持自我的獨立性，這不僅體現於事業發展方面，也體現於精神的獨立，婚姻生活以及另一半至關重要，但卻並不是生活的全部，只有重視自己愛自己的人，才更有被愛的權利。

第二，學會包容與付出。

很多時候，摧毀婚姻的往往只是一些生活中的細枝末節。也許是他屢唸不改的一個惡習，也許是他心不在焉的一個眼神，又或者是自己失衡於付出與回報的天平。久而久之，婚姻將在厭惡和爭執中消耗殆盡，學會包容與付出是婚姻中的一條永恆不變的睿智定理。要明白妳愛上的他並不完美，妳可以沉醉於他的優點，更要包容他的不足。不要總是計較著婚姻中的得失，有時付出會讓妳收穫更多。包容的心讓婚姻日久彌新，懂得

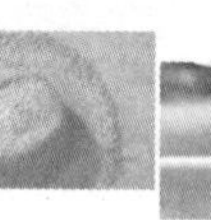

付出必將於婚姻中滿載而歸。

第三，善於溝通。

面對婚姻中的各種壓力與問題，其癥結就在於缺乏有效的溝通。往往夫妻會跌入「盡在不言中」的陷阱，自以為很瞭解對方，卻沒有想到枕邊人如同新陳代謝般，也隨著時光歲月，漸漸成熟與變化，夫妻雙方的差異性便更加明顯。溝通的目的便是築起一條瞭解對方和幫助對方瞭解自己的管道，即時體察對方所需。夫妻間的沉默可以是妥協，可以是漠視，但更多是一種擁有致命殺傷力的武器，可以輕易毀滅你們的感情。溝通，是雙方感情的延續，有時它不見得是語言，一個溫柔的眼神、一個踏實的擁抱都能使愛情在婚姻中升溫。

第四，信任與忠誠，以及適當的距離。

在夫妻關係中，相互信任是愛情存在的基礎，是愛情長久的根本。信任，就是不無端地猜忌，愛情的破裂往往是從相互猜忌失去信任開始的，不要捕風捉影，更不要無中生有，不妨做一個聰明的「糊塗」人，不斷充實和完善自己，自信是你維護婚姻的最有力武器。忠誠，是婚姻的基石，如若被撼動，婚姻即將面臨分崩離析的結果，同時對愛人的忠誠也是對整個家庭負責的態度，不要讓一時的衝動葬送一生的幸福。婚姻意味著兩個相愛的人的結合，可是夫妻間的親密是有「度」的。他是你的伴侶，你的家人，但他首先是一個獨立存在的個體，在婚姻中仍然需要一個專屬於自己的空間，「100%的透明度」並不是件好事，在沒有自我空間的時候人難免會產生逃跑的念頭，很多時候，適當的距離反而使婚姻更為緊密。

「配角」之爭

婚姻如同一齣你方唱罷我登場的舞台劇，夫妻雙方是這齣劇不容置疑的主角，是綻放舞台的「紅花」。然而，一齣內容豐富、深邃又極富張力的戲劇又怎可少了「綠葉」的光華？於是配角閃亮登場，有時他們甚至左右了整齣劇的走向。

這些配角往往與主角關係密切，通常是由婚姻衍生的各種關係，例如婆媳、姑嫂、叔嫂、妯娌、岳父母與女婿等。由於與夫妻雙方的關係緊密，他們總是有意無意間參與到夫妻的婚姻生活中，於是主角與配角在交往中的摩擦在所難免，這又是一個發生「暗戰」的高危地帶。其中，以「婆媳衝突」最為複雜且最具代表性，它為婚姻帶來的壓力絲毫不遜色於夫妻間的矛盾。

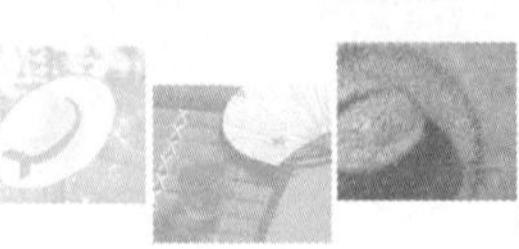
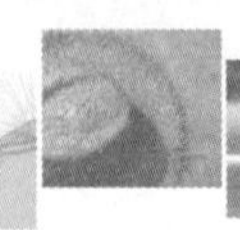

理想的婆媳關係，應該是婆慈媳孝、親如母女，可是理想的泡沫總會在現實的烈日下蒸發殆盡，在初次見面之前素不相識，感情是需要日積月累的培養的，又沒有荷爾蒙來推波助瀾，更沒有血緣的牽連，突然就定義成母女，妳中有我我中有妳，顯然是很難辦到的。

第一回合，對同一個男人的愛。有一句話說得不無道理，「女人的最大敵人，仍然是女人」。妳的老公，她的兒子。她在他身上傾注了太多的心血，含辛茹苦地照顧他的一切，妳的忽然介入在她看來無疑是「搶奪」她最心愛的人，心平氣和地接受對她來說自然困難，即使勉強接受，她也會覺得這個男人的「產權」還是她的，只不過現在「使用權」給了妳而已。可是在妳看來，一紙婚約帶來的效力就意味著「使用權」和「產權」的共同擁有，婆婆過多的「頤指氣使」也使妳頗為頭痛。於是，兩個女人的「醋意」爆發於對同一個男人的愛。

第二回合，生活習慣與觀念的巨大差異。婆媳原來各自生活在不同的家庭中，有不同的生活背景和生活習慣，加上年齡的差距，在看待一些問題的觀念上自然存在差異。婆婆思想保守，媳婦則時尚前衛；婆婆持家傳統，媳婦則熱衷事業；婆婆勤儉有方，媳婦則享受人生……尤其生活在同一屋簷下，更是矛盾重重。

第三回合，孩子教育。有句俗話叫做「隔代親」，說的就是爺爺奶奶對孫子孫女的疼愛往往比對自己的親生子女更甚。當婚姻中一家的第三代降生，即刻成為全家人的掌上明珠，初為父母的小夫妻通常會請老人幫忙照顧孩子，當上下兩代人不同的養護和教育觀念，一起集中在孩子身上，發生的激烈碰撞可想而知。

第四回合，丈夫仲介作用的失衡。在婆媳關係中，丈夫的仲介作用至關重要。這仲介作用如果發揮得好，可以加深婆媳之間的情感聯繫，反之，則容易成為矛盾的焦點，還會使自己陷入「兩面受敵」的困境，「夾板氣」由此而生。由於婚姻生活中夫妻雙方擁有更多的共同點，在某個問題上夫妻觀點的一致性要超過母子觀點的一致性，這樣就容易造成丈夫仲介作用的失衡。婆婆常常會因此產生「娶了媳婦忘了娘」的心態，遷怒於兒媳。

如何將婚姻這齣舞台劇演繹得齣齣精彩、幕幕動人，往往需要主配角三方的傾情投入，只有媳婦、婆婆、丈夫的共同努力，才能逾越「婆媳衝突」的鴻溝，在婚姻中創造「三贏」的局面。

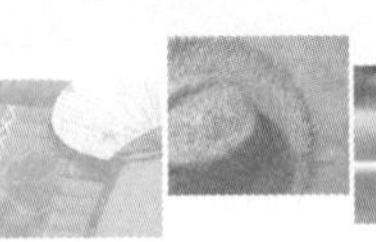

「婆婆」方：首先在心態上接受媳婦，要知道她是因為愛才與妳的兒子步入婚姻，並且因為愛而照顧他的飲食起居，還是因為愛而與他相伴一生，避免「兒子被搶走」的吃醋心理，應該為多了一個愛他的人而欣慰。其次，把媳婦當做自己的女兒，以對待自己的兒女的心態和她相處，體諒並寬容晚輩，不要擺出「老資格」對小倆口的生活橫加干涉。

「媳婦」方：不要以自己母親的標準要求婆婆，對婆婆多一份尊重和體貼，當不同的觀念發生碰撞時，不要當面反駁，可以委婉地進行溝通，盡量讓婆婆感受到被重視。不要執著於婆婆在丈夫心目中的位置高低，因為妳永遠也無法代替他的母親。嘴甜一些、耐心一些、主動一些，時常為婆婆多幾句關懷或者準備一些小禮物，這樣的貼心和驚喜在老人家眼裡是很受用的，要學會「哄」婆婆。

「丈夫」方：此角色是斡旋於「婆媳關係」間的「外交官」，有許多「婆媳關係」不和竟是由「笨兒子」造成的。力爭做「婆媳」之間的潤滑劑，切忌成為「傳話筒」，或者公然站在一方的立場與另一方同仇敵愾，這樣只會使情況越來越糟。做為這個敏感關係中重要的交集，丈夫在「婆媳關係」中扮演的角色及發揮協調、融通的作用顯得愈發珍貴。

4、寶貝計畫

孩子是愛情的結晶，是生命的延續，是幸福的傳遞，是上帝託付於我們手心的小天使。當我們把一個個小生命帶臨這個世界，他們小小的身體裡蘊藏的巨大能量，頃刻間便照亮我們的生命，而當他們柔軟的手指第一次輕輕與我們觸碰，我們立刻就在幸福裡沉醉了。

毫無疑問，為人父母是人生中重要的轉捩點，是婚姻生活中不可或缺的組成部分，我們因此邁向成熟，因此更加完整。孕育生命的過程無比神奇與美麗，我們都在自己的「寶貝計畫」中體味快樂，品嚐壓力，滿心歡喜而又小心翼翼。當屬於我們的那個天使終於呱呱墜地的一刻，我們用世間最無私的愛去呵護，最真誠的心去關懷，用自己的生命去為他（她）守護。

寶貝是我們快樂的源泉，快樂的寶貝計畫，正在進行。

孕前──「寶貝計畫」準備中

孕育一個寶寶，無論是對於準爸爸準媽媽，還是對於整個家庭的意義都非比尋常，因此準備過程往往面面俱到，這是一個充滿期待的過程，同樣壓力做為期待的附屬品隨之而來。

心理準備

很多時候，當夫妻開始計畫懷孕生子時，年輕的妻子都會出現孕前的擔心心理。總結起來有三：一是愛美，怕懷孕後影響自己的體型；二是膽小，對擔心分娩時產生疼痛的懼怕；三是畏懼，擔心自己缺乏經驗照顧不好孩子。其實，這些都是正常的心理反應，每一個「女孩」蛻變為「女人」，除了要經歷生理上的變化，心理上的成長更加必要。

這些顧慮都是沒有必要的。毋庸置疑，懷孕後，由於生理上必然的變化，體型也會發生較大的變化，體重增加在所難免，但只要產後堅持鍛鍊，體型自然就會逐漸恢復。積極在產前進行孕婦體操，產後認真進行健美鍛鍊的年輕女性，身體條件與身材形態的恢復也會更快。另外，分娩時所產生的疼痛是難免的但也是短暫的，只要能夠很好地在分娩過程中配合醫生，有了醫生的幫助，就能減少痛苦，平安分娩。孩子是夫妻共同生命的延續，有了強烈的責任感和堅定的信念，當妳孕育上寶寶的那一刻，便會體會一切是值得的，因為母愛會帶給妳最強大的力量。

同時，夫妻雙方在孕前要努力調整自己的情緒，減輕生活所帶來的心理壓力，彼此保持開心、寬心、順心、安心的心境，在樂觀的心態下迎接寶寶的到來，此時的良好心態對於寶寶日後的成長大有益處。

生理準備

如果說排除心理負擔，創造一個好的受孕心理環境是「計畫」準備中的「軟體」，那麼做好心理準備、打造良好的身體基礎，就是其中的「硬體」。

第一，補充營養，合理飲食。飲食與受孕是息息相關的，均衡的飲食不但能增進受孕的機率，同時也能保證胎兒的健康。準媽媽們應每天多食蔬菜、水果、五穀與乳品。注意蛋白質、礦物質和維生素的攝取，多服葉酸，注重一日三餐的健康均衡，防止發生貧血等不良現象。

第二，切忌菸酒。孕前準爸爸、準媽媽如果習慣了菸酒相伴的生活，須在孕前至少

一個月內戒菸戒酒，因為香菸和酒精會嚴重危害日後寶寶的生長，在菸酒作用下的受孕容易發生流產、早產，甚至胎兒先天性畸形等現象。

第三，保持理想的體重。超重或體重不足都會影響受孕，不應限制進食和盲目減肥，體重不足可能產出先天性併發症的嬰兒，也不宜體重過重，這樣則會引起孕期併發症，例如糖尿病、高血壓。

第四，有一部分夫妻因為生理原因暫時無法順利受孕，這樣對他們的心理和精神壓力無疑巨大。請放寬心態，擺脫緊張沮喪的情緒，積極配合醫生治療，有很多問題還是可以迎刃而解的，也許需要花一段時間，但不妨把它看成上帝額外安排給我們的學習做好父母的時間，良好的心態在此過程中意義重大。

經濟準備

當「軟硬體」就緒，「寶貝計畫」即刻提上日程，本來計畫要一個孩子是一件皆大歡喜的好事，可是在如此現實的環境下，還有一個不得不考慮的問題——經濟狀況，畢竟孕育和養育一個孩子還是要有一定的經濟基礎的。於是，很多渴望晉級為父母的夫妻會在此時感受壓力，望而卻步。請先放輕鬆，我們只有有條不紊地權衡幾個問題，才能在理智與情感共同作用下邁過這個障礙。

首先，考慮家庭收入在迎接寶寶到來和養育寶寶時是否會減少，確保所在公司的產假政策不會對妳的收入產生影響。然後，綜合考慮各種保險保障措施是否能夠為你的「寶貝計畫」保駕護航。最後，初步對有寶寶之後家中的經濟收支情況做一個預算，考慮如何節約支出，合理規劃物質生活，為寶寶的到來做好經濟準備。

孕期——「寶貝計畫」進行中

當得知妳的身體正在成為寶寶舒適的第一個「家」，當每一天都能感受到寶寶帶給妳的奇妙變化，恭喜妳，妳正在體味一個女人一生中最值得驕傲的幸福時光——懷孕期。但孕期的甜蜜幸福也常伴隨著一段段小「插曲」，那就是懷孕給準媽媽們帶來的心理負擔和身體負擔，孕育生命的始末本身就是一個「痛」並快樂著的過程。

心理篇

從一顆小小的受精卵到最後媽媽懷中嬌小可人的生命，這懷胎十月不僅是孕育奇蹟

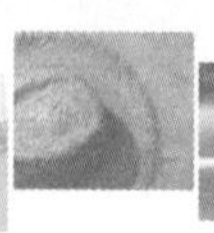

的歷程，更是準媽媽們心理成長與蛻變的必然階段，其中酸甜苦辣的交集，恐怕只有她們自己才能體會！

成為準媽媽以後，隨著孕期的深入，媽媽與寶寶的聯繫感越來越強烈，擔心的事也越來越多，內容通常圍繞兩個方面：我的寶寶是否健康，是否發育良好？我是否能夠勝任好媽媽的角色？

正常的焦慮無可厚非，但如果過於焦慮就不好了。「今天清晨寶寶少動了兩下，要不要緊？今天不小心碰了他（她）一下，會影響他（她）的健康嗎？對照書本上的內容，我的寶寶這樣是正常的嗎？如果寶寶有什麼缺陷怎麼辦？如果我做不好媽媽怎麼辦？……」諸如此類的疑問接踵而至，每一個都考驗著準媽媽們那緊繃的神經。為此，她們會奔走幾家大醫院，反覆地看診，以求得出好的結果。

焦慮情緒帶來的附屬品往往就是心理壓力激增、更加懷疑自己，不自主地誇大自己的失敗，憂慮、緊張、不安，依賴性越來越強，獨立性越來越差，壓力的增大還會帶來準媽媽的內分泌失調，在心理失去平衡時，準媽媽們常會感到全身不適、疲倦、緊張、期求關注等，此時若不重視還會出現心動過速、食慾不振、行動遲緩、睡眠障礙、注意力不集中等反應，嚴重的還會發展為憂鬱症。

這種孕期焦慮情緒，不僅對孕婦的健康構成相當大的威脅，同時也會殃及寶寶。孕婦在懷孕期間心理壓力過大，會阻礙寶寶的生長發育或導致先天缺陷，同時寶寶出生後出現心智問題、憂鬱、膽小的機率也會大大增加，甚至可能在孕期引發自發性流產。

這些可怕的後果絕非危言聳聽，如想擺脫壓力，孕育一個健康可愛的寶寶，必須放下沉重的心理包袱，時刻保持輕鬆的心態，從現在起做一個「快樂至上」的準媽媽！

首先，在生活上照顧好自己，注意飲食，補充營養，睡眠充足，適當鍛鍊，打造良好的體格。

其次，不要將注意力集中於壓力。孕期感覺有壓力是很正常的反應，但關鍵就在於一個「度」，可以分析壓力從何而來，積極主動地採取一切可行措施將擔憂減至最小，不要過於糾纏不必要的擔憂。

再次，安排好自己的工作與生活，降低工作強度，豐富自己的日常生活。聽音樂、看書、瑜伽、散步、按摩等等方式，都能舒緩精神的緊張與疲憊，提高身體應付壓力的能力，給妳和寶寶同時創造一個良好的孕期環境。

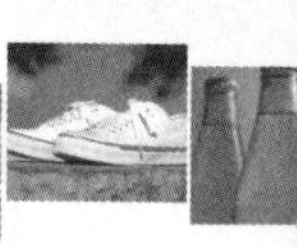

最後，當察覺自己已經深陷心理焦慮的泥沼，壓力已經成為無法承受之「重」，請向周圍的家人、朋友或者醫生尋求幫助。主動向妳信任的人傾訴苦惱，讓自己包圍在愛和支持之中，順利度過心理的陰霾期，值得一提的是，另一半在此環節的作用不容小覷，夫妻雙方共同承擔壓力更有助於準媽媽們調適心情。

生理篇

孕育一個小生命的過程，本身就似歷經一場奇妙的旅程，寶寶給媽媽帶來的變化除了心理的快樂與擔憂外，最直接的就是生理上的改變。每一個準媽媽都是一邊承受著孕期的生理負擔，一邊為寶寶的每一點成長欣喜著，真可謂「甜蜜的負荷」！

喜憂參半的妊娠反應

「害喜」，是妊娠反應在民間的通俗說法，這個自相矛盾的稱謂具體表現了準媽媽們在懷孕初期的尷尬處境，一方面享受初為人母的喜悅，另一方面還要忍受諸如噁心、嘔吐等身體不適的感覺。

妊娠反應是一種正常的生理反應，是孕婦特有的症狀，一般出現在懷孕早期，清晨是多發時間。除了噁心、嘔吐外，還包括輕度挑食、食慾不振、厭食、頭暈及怠倦等症狀。一般在停經一個月左右出現，之後逐漸明顯，在停經三個月前自行消失。妊娠反應考驗著準媽媽們的承受力，對她們的日常生活和工作或多或少都會帶來不便和壓力，但通常影響不大。有的嚴重的妊娠反應發作頻繁，呈持續性嘔吐，甚至無法進食飲水，稱為妊娠劇吐，長此以往，孕婦得不到營養物質，體重下降，抵抗力降低，如果因此發生脫水或酸中毒，還會威脅孕婦及胎兒生命，可見喜憂參半的「害喜」並不如想像中一樣尋常，需要準媽媽們的高度重視。

第一，樹立信心，積極轉換情緒。妊娠反應是一種每個孕婦都會發生的正常的生理反應，不是疾病，多數孕婦在一、兩個月就會過去，樹立戰勝不適感的信心，要用「放寬心，向前看」的心態面對，做自己喜歡的事，整理鍾愛之物，與朋友聚會聊天等都可以減輕妊娠反應的程度。第二，調劑飲食，適度休息。此時的飲食應根據準媽媽們的喜好，簡單說，就是能吃什麼就吃什麼，能吃多少就吃多少，選擇易消化、營養豐富的食物，適當增加酸味與鹹味來開胃和止吐，多吃水果蔬菜，少量多餐，還要注意不可勞累

過度，反應嚴重的更應適當休息。第三，家人協助，立即就醫。此刻沒有什麼比家人的關懷與體貼更能安撫準媽媽們了，尤其丈夫應當充分瞭解什麼是妊娠反應，體諒妻子的不適，積極分擔家務等，當發生劇吐或者有脫水和酸中毒症狀時，應當立即就醫治療，在懷孕早期切忌擅自用藥。

「不再美麗」

看著鏡中自己臉上出現的越來越多的斑點，看著曾經的「小蠻腰」變成如今的「大腹婆」，看著擱置在衣櫥中已經不再合身的衣服……每個準媽媽在孕育腹中親愛寶貝的道路上註定面臨著一個又一個的考驗，不僅是簡單的外貌上的改變，更是考驗每個當初的「小女人」在心理上接受蛻變成為「媽媽」的過程。

由於懷孕期間孕激素使身體產生更多的色素，受其影響，準媽媽們的身體通常不是均勻地產生色素，而是在部分皮膚產生斑點，於是她們有的會在臉上長出褐黃的妊娠斑，有的則在隆起的肚皮上出現深色的妊娠紋，這些斑點都是不可避免的。同時由於油脂分泌的旺盛，痤瘡也為準媽媽們帶來了皮膚上的又一大孕期煩惱。

除了皮膚的變化，懷孕前後的身材變化更在考驗著美麗媽媽們的愛美之心。懷孕期間的體型變化，絕非單純的只是由S號向M號及L號的轉變過程而已，它是每一個孕婦為適應孕期生理的特點而生的直接變化，隨著孕期的深入，她們的胸圍、腰圍、臀圍甚至腿的粗細都會發生巨大改變，基本規律為在孕早期體重增加不會超過一公斤，孕中期三個月的體重增加四公斤左右，最後三個月增加六公斤左右。這些最直接的數字意味著女人們避之不及的「蝴蝶袖」、「水桶腰」的出現，意味著昔日的窈窕身姿已不再，每一個愛美的準媽媽怎能無動於衷，壓力席捲而來。

對於妊娠斑等色素沉積問題，在產後均會不同程度地減輕、消失，但在孕期，準媽媽們還是要積極採取一些必要的預防和保護措施，不要緊張，在關注寶寶的同時，同樣會留一些精力呵護自己的肌膚，做一個「孕味」與「韻味」並重的美麗媽咪。預防妊娠斑最有效的方法便是嚴密的防曬，可以從根源上阻斷黑色素細胞受紫外線刺激而生成斑點，因此植物成分的防曬和美白產品可以幫助準媽媽們留住美麗。

眾所周知，孕期體重的增加是必然的過程，而「怎麼加得合理」才是值得關注的重點。擁有漂亮的孕期體重不僅關係著媽媽與寶寶兩個人的健康，也是孕期健康狀態的重要標準。首先要形成合理的飲食習慣，除了最基本的「均衡飲食」外，還要做到以主食

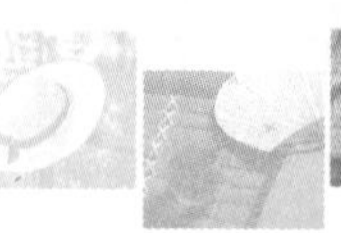

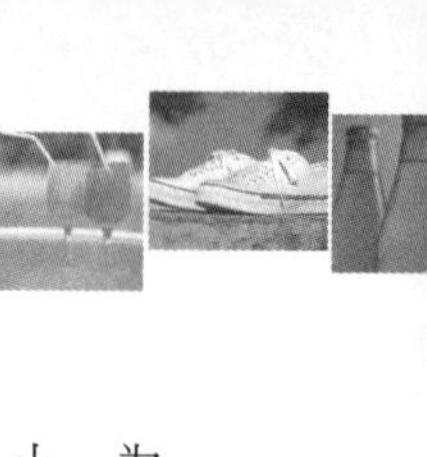

為中心、少量多餐且細嚼慢嚥、不吃油炸等高熱量食品。其次還要養成每天堅持散步一小時的習慣，增加鍛鍊的機會。第三準媽媽們還要善於知道如何放鬆自己，釋懷地面對不開心的情緒。最後健康的生活規律在此過程中的作用同樣不可小覷。

情緒波動、健忘等其他煩惱

幾乎每一個準爸爸在陪伴妊娠的過程中都會忍不住地嗔怨：「我過去那美麗溫柔善解人意的老婆哪兒去了？」幾乎每一個準媽媽都會經歷相似的一幕，興沖沖地走進超市卻茫然地站在貨架前困惑：「我要買什麼呢？」沒錯，情緒波動與健忘也是這場「寶貝計畫」中的附屬品。

懷孕導致孕婦荷爾蒙分泌的不穩定，由此引發了她們情緒的不穩定，此刻即使最溫柔的女性也有可能變得難以相處，也許神經質地時哭時笑，也許衝著丈夫無緣無故發脾氣。這種「不定時炸彈」的效力，嚴重影響著孕期的前三個月及後三個月，多數貫穿整個孕期。因應的解決辦法：如果妳總對身邊的事感到惱火，或者持續兩週以上過度地情緒不穩定，應立即找醫生諮詢一下，有時壞情緒的「罪魁」不僅有荷爾蒙，還有心理問題。

而孕婦的健忘與其說是孕期激素變化在作怪，倒不如說更多是她們孕期的自身壓力造成的，她們往往會擔憂孩子、自己、未來等各式各樣的問題，原本有限的精力被消耗殆盡，大腦經常處於不夠用的狀態。因應的解決辦法：泰然面對事實，避免一蹴而就的心態，在精心規劃下一切都會迎刃而解，當壓力減輕時記憶力很快就會回來了。

產後──「寶貝計畫」持續中

在歷經了漫漫十月懷胎的等待，當嗷嗷待哺的嬰兒第一次被捧在臂彎，此時我們可愛的準媽媽們已經正式晉級為「母親」，一個充盈著幸福感的角色。可是角色的轉換始終需要一個過渡，「寶貝計畫」的艱難在產後的一段時期內依舊延續，每位媽媽在此時期既要品嚐喜悅，又要咀嚼苦澀，其中最具代表性的問題便是「產後憂鬱」。

「產後憂鬱，悄然而至」

如今，「產後憂鬱」越來越引起人們的關注，產後已不僅意味著其樂融融的盡享天倫，還要謹防「產後憂鬱」的發生，但依然悄然而至，防不勝防。

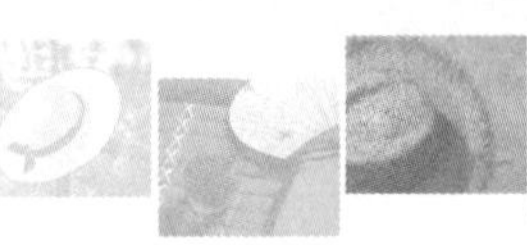
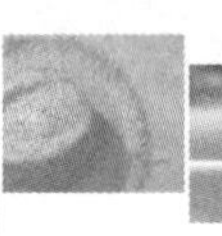

產後約有50％～75％的媽媽會隨著孩子的出生經歷一段Baby Blues時期，通常表現為一段不穩定情緒，如莫名的沮喪或哭泣等，起因是許多新媽媽在產後因為一時無法適應新角色而產生無力感，或對自己信心不足，這是一種常見的、輕微的、短暫的情緒低落，往往無需治療便可自癒。但是還有10％～15％的新媽媽情緒問題表現強烈，患上「產後憂鬱症」。

其起因可以是產婦體內荷爾蒙的變化，或者在生產過程中受到的肉體或精神刺激，或者照顧初生嬰兒的壓力和由此引起的睡眠不足，又或者角色和生活規律轉換障礙等。症狀為時常唉聲嘆氣、以淚洗面，對孩子和家人冷漠、不感興趣，焦慮、易怒、失眠、心煩意亂、沉溺自責，嚴重者甚至出現厭世心理。

面對「產後憂鬱症」，在醫學上可以使用抗憂鬱藥物和心理治療加以紓解，但最重要的還是產婦本人的自我調節。應盡可能地放鬆心情，樂觀面對和適應生活中的各種變化，保持心態平衡。家人則應多理解和關心病人，幫助其照顧孩子，減輕負擔，尤其丈夫更應該理解妻子的苦衷，加倍地體貼和關懷她。同時增強產婦的體質也是抵抗「產後憂鬱症」的有效辦法，補充營養，保證睡眠。只有內外兼顧，「產後憂鬱」才能即時懸崖勒馬！

5、當婚姻觸礁之時

婚姻如同行駛於無垠汪洋上的一艘小船，海面上時而風平浪靜，時而狂風驟起，瞬息難料。海面下的黑暗之處更是暗潮洶湧，變幻莫測，我們的婚姻之船一不小心就會遭遇無法預期的險情，甚至因觸礁而擱淺。

當婚姻觸礁之時，我們無奈、難過，我們痛苦、掙扎。其實，究其原因不難發現，除了船外的風吹雨打外，我們這艘婚姻之船本身或許已經千瘡百孔，婚姻觸礁看似偶然實際是必然的。婚姻並非愛情的保險箱，如想一勞永逸，疏於經營，任何婚姻都可能遭遇觸礁的命運。

因此，瞭解海上暗礁密布的高危險區，悉心修葺我們的婚姻之船，學會如何在觸礁之時化險為夷，對於婚姻中的每一個人都意義重大。

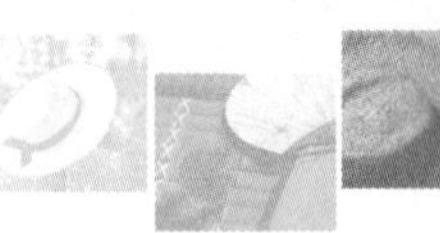
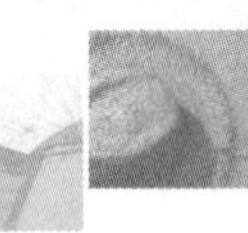

礁石的高危險地帶

細細審視現實生活中諸多婚姻觸礁的活生生例子，不難發現其中還是有規律可循的。婚姻最容易在一些礁石高危險區擱淺，而且往往破壞力極大。

高危險區之「N年之癢」

「七年之癢」一直是充斥各大媒體的熱門話題。其實，「七年之限」刻意地量化了「婚姻之癢」的發生時間，它只是一個婚姻中的時間概念，可能具有共通性，但還是不可代表全部，通常現實會無情地告訴你：七年才癢，已經算堅持的。越來越多的「一年半」、「三年」、「五年」正考驗著婚姻堅守的極限，「七年」只是在向我們敲響警鐘，婚姻也是有「保質期」的！

「癢」的原因何在？踏入圍城久了，婚姻在日積月累的年頭中趨於平淡，新鮮感漸漸消失，從浪漫甜蜜的戀愛到實實在在的婚姻，從「熱情」到「日子」，愛情在朝夕相處中降溫，婚姻於柴米油鹽中無味，戀愛時極力修飾的缺點此刻早已無心遮掩，許多觀念上的差異一一暴露卻疲於溝通與改變，情感的倦怠甚至無謂將婚姻帶入了「瓶頸」，使它在瑣碎的家務和沉重的責任下更加步履維艱。丈夫麻木於妻子的喋喋不休，妻子不再花盡心思地妝扮自己，尤其在有了孩子之後，夫妻的生活重心都集中在孩子身上，兩人很多時候相對無言。當婚姻成為一種習慣，勢必考驗著婚姻中的每個人，是繼續走下去還是就此止步成為赫然擺在眼前的問題。激情不再的婚姻，「N年」之後「癢」在一個最尷尬的地方，成為威脅婚姻的巨大礁石。

有人說這塊「礁石」是對永恆愛情的最大懷疑，是種情感上不負責任的表現。這種說法未免偏頗，感情也是有生命力的。我們不會一直穿著七年之前的衣服，如果會穿也是因為對它呵護有加保持了它當初的鮮亮，或者從未找到可以替代它的另一件。一如對衣服的態度，婚姻中的「N年之癢」源自我們天性中的弱點「喜新厭舊」，感情是有「保鮮期」的，從物質到精神，如果忽視了「保鮮」的過程，在蠢蠢欲動的「癢」面前我們如何招架？婚姻如何「保質」？

高危險區之「婚外情」

經歷了「婚姻之癢」，癢在心中，癢到骨頭縫裡，抓不得撓不得。在一成不變的圍城裡待久了，難免讓人產生到城外透透氣的感覺，渴望自由地呼吸新鮮空氣，釋放久久被壓抑的激情，哪怕只是趴在城牆上向外張望也好。於是，婚外的生活在渴望中顯得

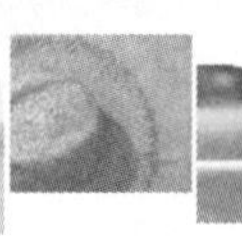

越來越絢爛多彩，誘惑無比。終於待到「天時地利人和」的時刻，心底暗藏的火苗一觸即發，熊熊燃燒。許多人沉淪於情人的溫存，激情的刺激感中，一時陶醉，一時止了心癢，但最後的結果往往卻是落得「一地雞毛」，什麼也沒有，抓到的只有輕飄，還是搔得你難受。

婚外情，似乎已經成為這個時代的通病，婚內出軌，幾乎是圍城內外男男女女都感興趣的話題。它是指男女雙方在已有婚姻家庭之外而產生的感情，也就是俗稱的「偷情」。婚外情的形式從偶爾的「精神出軌」，即小小地淺嚐曖昧，到最常見的「一夜情」，這是無關乎情感的範疇，以致於到「此生至愛」，最後在經歷血雨腥風之後於道德的批判聲中，要嘛終成眷屬，要嘛傷痕累累，往往多是幾敗俱傷的結果。而在女性的字典裡，「婚外情」通常意味著對婚姻的「不忠」，是一種具有感情深度的關係，將婚外性行為視為「感情的背叛」，在男性看來，多數會認為偶然為之的身體出軌並不應歸類為「不忠」，充其量也只是「婚外性」而已。但是，無論哪種形式的婚外情，都是婚姻的頭號殺手，不能理智於此，鬧不好就會落得身敗名裂，人財兩空的下場。

所謂「偷情」，自然不能暴露於陽光之下，一個「偷」字不僅是婚外情最初發生時誘惑的源泉，更是它最後走向難堪局面的開始。婚外情的激情迸發於初始，之後最甜蜜的時刻往往短命。最常見的婚外情開始時兩人各取所需、深諳規則，或許都抱著淺嚐即止的心態。但人畢竟是感情動物，久而久之，付出後自然期待等價的回報，於是當其中一方開始有所要求時，這個「偷」字就不再那麼有趣了，它成為一種負擔，一顆摟在懷裡的不定時炸彈。此時婚外情或者在另一方的落荒而逃下戛然而止，或者東窗事發、撕破臉皮、婚姻破裂、身心俱疲，又或者當初的「第三者」轉正，為婚外情披上合法的外衣，可是這種結合並不好過，在社會輿論的質疑聲中誰能心生安穩？加之如此的感情基礎，搞不好又為下一輪婚外情埋下伏筆。

高危險區之「婆媳關係」

圍繞這兩個因為一場婚姻互相走入對方生活的女人，彷彿有說不完的話題，在之前的章節中已有深入討論。若她們磁場吻合、和睦相處，不僅是全家之福，更是婚姻之福；若兩人矛盾升級，戰火紛飛，必定雞犬不寧，家庭和睦受到嚴重威脅，婚姻更是可能朝不保夕！

在男人眼中，他一生摯愛兩個女人，一個是生養自己的母親，另一個是娶回家一起

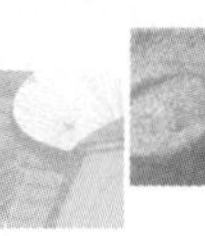
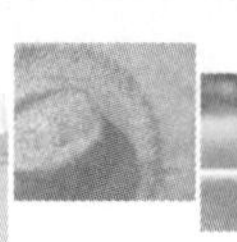

共度餘生的老婆。正是因為他，兩個不同時代、不同生活方式和觀念、沒有任何血緣關係、毫無感情基礎的女人走到了一起，生活在同一屋簷下，還要不得已在萬般差異中尋找共同點，談何容易！加之同為女人，愛著同一個男人，方式的不同、溝通的缺乏，一場「爭奪之戰」在所難免。輕則鬥鬥脾氣、吵吵鬧鬧，重則正面交鋒、大動干戈，男人裡外的不是，只有受「夾板氣」的命了。偶發的矛盾不提也罷，可是如果長此以往，針尖麥芒地對立著、鬥爭著、緊張著，傷了婆媳的感情，傷了母子的感情，夫妻的感情怎能倖免？

對於每個進入婚姻圍城的男女來說，「婆媳關係」始終是個諱莫如深且非常敏感的話題，可以說，在婚姻觸礁的高危險區裡，「婆媳衝突」是僅次於「婚外情」的又一處暗礁密布之地，被人戲稱其為影響婚姻品質的「惡性腫瘤」，是導致婚姻破裂的另一「殺手」！

高危險區之「無性婚姻」

柏拉圖式的愛情或許存在，但柏拉圖式的婚姻卻很難維持，沒有愛的婚姻是不道德的，沒有性的婚姻同樣是不道德的。由此可見，性在婚姻中的重要性非同小可。

和諧的性生活不僅是夫妻關係的樞紐，更是美滿婚姻的一個重要組成部分。在婚姻裡有兩條貫穿始末的主線，一條是愛，另一條便是夫妻的性生活。因為有愛，性才格外美好，而婚姻也因性更加完滿。只有擁有和諧的性生活，並且伴隨婚姻終生才是名副其實的夫妻，甚至可以說性愛是穩定婚姻的基石，有了它我們的婚姻才能固若金湯。

然而在現實生活中，越來越多的「無性婚姻」將婚姻推向崩潰的邊緣。它指的是夫妻間長達一個月以上沒有默契的性生活。性愛本是婚姻中最精彩和重要的內容，但由於巨大的工作、生活壓力，夫妻雙方性觀念差異、缺乏溝通、生理疾病等種種原因，「無性婚姻」在我們的生活中大量存在著。很多夫妻的矛盾都披著「性格不合」、「移情別戀」等外衣，含糊其辭閭兜兜轉轉，直到最後才引出了問題的本質——「性生活不和諧」。追根究底，夫妻不和的癥結許多都是源自於此。因此，婚姻中如果沒有性生活或者沒有美滿的性生活，婚姻的破產也只是時間的問題了。

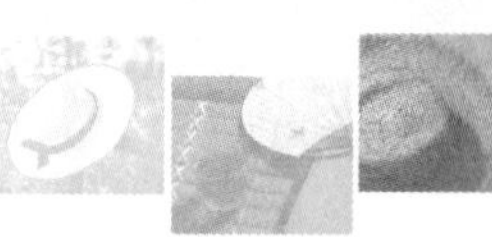
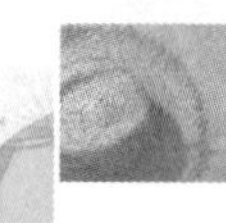

讓婚姻遠離礁石

著名漫畫家朱德庸說，婚姻不論好壞，都是一齣笑劇，唯一不同的是，美滿的婚姻讓自己看笑話，不美滿的婚姻是讓別人看笑話。婚姻的這片深海從來不曾風平浪靜，行駛之上的風險自不必說，當婚姻之船不幸與暗礁短兵相接時，棄船而逃或與之沉淪都不是明智之選。只有讓婚姻遠離礁石，抑或遭遇觸礁時突出重圍才是上上之策，沒有高超的駕馭技巧是不行的。

可以「癢」不要「痛」

當愛情這頓大餐在時光的變遷中面臨變為雞肋的可能，食之無味，棄之不捨。感情的溫度好像漸漸冷卻，是選擇將其丟棄，還是繼續將雞肋煮成滋補心靈的雞湯？這個決定左右著婚姻的命運。

當婚姻走入第「N」年，似乎變為一種習慣使然，審美疲勞、左手牽右手的感覺悄然滋生，情感的疲倦將婚姻拖入「瓶頸」，如果「瓶頸」當前就此止步，婚姻就會面臨終結。其實時間沖淡激情，婚姻變得乏味，「癢」是很正常的反應，這是感情的一個轉捩點，如果「止癢」得當，婚姻便會走向良性發展，如果任其發展，當「癢」變為

「痛」，帶著傷痕勞燕分飛便是不二結局。

「止癢」的最好方法就是用心經營婚姻，「經營」二字看似簡單，卻是一門精深的藝術。

首先就是經營自己。婚姻是隨著時間的推移和人的成長不斷發展著的，我們都在隨著身邊環境的變化、身分的轉換接受著新鮮的實物，思想和觀念也在外界各種因素中潛移默化地發生改變，此時婚姻中的兩人如果不同步伐，一個大步向前，一個原地踏步，久而久之，距離註定漸行漸遠，隨之而來的便是溝通的阻礙、心靈的隔閡。

經營自己就是在婚姻中給自己保留一方私人領地，在婚外保持正常的朋友圈子，有自己的興趣愛好，不要將婚姻視為自己唯一的精神寄託，不斷提升自己的人生智慧，調整自己，豐富自己，使自己常保新鮮，平淡的婚姻也會因此不斷更新內容。

其次是經營對方。經營對方不是強勢地希冀重新塑造對方，也不是一味挑剔地強求對方改變，這種「自私」的表現常常會產生適得其反的效果。其實最睿智的方式，是在瑣碎的生活中先時常捫心自問自己能給對方帶來什麼，發自內心地為對方做些什麼，一個微笑、一個親吻、一個擁抱的力量不可小覷，當對方感受到你的「奉獻」，自然會付

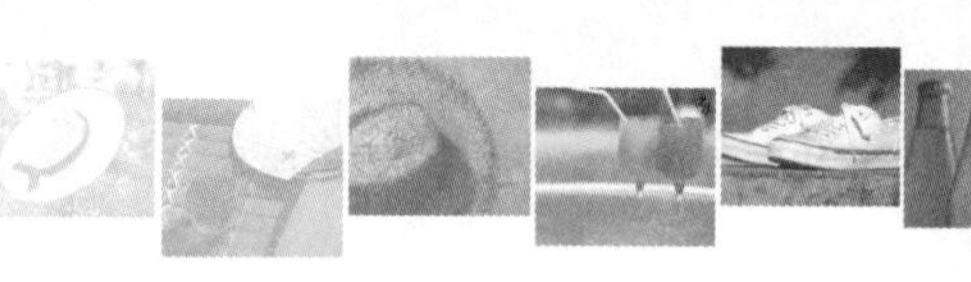

諸「回報」，心甘情願地為你改變。

最後便是經營雙方。不要以為婚姻的瑣碎可以忽視兩個人本該擁有的甜蜜與溫存，不要把日子過成一碗溫吞水，浪漫不是無用的表面工夫，它是人們傳遞感情的有效途徑，是婚姻維繫的重要關鍵，時而花些心思在婚姻中製造一些小驚喜和小浪漫，不僅可以避免婚姻在越來越「癢」後走向不歸路，你還會發現久違的心跳感覺再次降臨，它為婚姻注入的源源不斷的新鮮血液是最好的「止癢劑」。

出軌說明正軌有損

二十幾歲時，我們懷抱著新鮮的愛情和美好的憧憬走進圍城；三十幾歲時，我們在波瀾不驚的婚姻中睜開疲憊困頓的眼睛，向城外的世界無奈張望。一時間，婚姻的海面下危機四起，暗礁叢生，婚外情、一夜情一一湧現……考驗著一個個婚姻的底線。

如何面對另一半的出軌？這是一個飽含艱辛和智慧的問題，答案通常對婚姻有一錘定生死的意味。

當「婚外情」的陰霾籠罩在婚姻上空，一味的沉溺於責備、痛苦、怨恨中或不分青紅皂白就「一哭二鬧三上吊」都是不可取的。應當先冷靜下來，反省一下自己，婚姻觸礁往往不是一方之過，回憶一下過往的生活中自己有哪些地方做的不夠好，往往在你這裡得不到的，他才會在婚外情人那裡得到滿足。當你發現你因奔波事業或者疲於生活忽視了他的感受，你就應該學習了。

接下來要理清思緒，明白自己需要什麼結果，是要挽回愛情還是放棄它？如果你還愛他，放不下這段感情，不妨學會寬容，再給婚姻一次重生的機會。其實大多數婚外情只是源自一時的衝動和好奇，甚至只有「婚外性」而非「情」，這方面兩性的觀點大相徑庭。

在女性的意識裡，身心的純潔被視為感情的完整，身體上的任何出軌都代表心靈的出軌，身體的背叛就是心靈的走失；而多數男人則認為性與愛可以分開，出軌的只是身體，外遇對於他們來說只是身體的脫逃。即使對方的感情也有偏離軌道的痕跡，那多數也是為了擺脫婚姻帶來的倦怠而在婚外尋求刺激，內心卻並不想真正放棄婚姻，因為婚姻的平淡並不能否定彼此心中已經昇華為親情的情感，他們內心依舊十分肯定最初婚姻選擇的正確性，同時婚外情本身也有規律可循，從邂逅、動情、蜜月、冷淡到分離，通常在一年左右就完成了，沒有幾個人會想把一場外遇變為婚姻，當一時的激情散去剩下

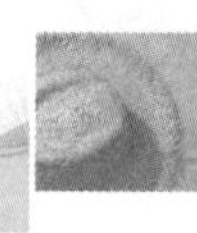

的也只有宿命般的倦怠，家庭還是他們最終會選擇的港灣。

既然如此，如果還想挽回你的另一半，那麼就試著原諒和寬容吧！原諒並非輕鬆的口頭上的不在意就罷了，傷害的陰影在所難免，寬容是一種自己努力去除心中疙瘩的過程，雖然痛苦夾雜，但為了一段自己仍然珍視的感情還是值得的，原諒和寬容才是真正的愛，它力量無限，不僅能喚回那個因為一時迷失而犯錯的人，而且在歷盡風雨、浪子回頭之後還能幫你收穫比過去更加穩固的婚姻和感情。

當然還有另外一種情況，就是你把尊嚴看得比婚姻重要，無論如何也接受不了另一半的出軌行為，認為對方的所作所為是對自己尊嚴和人格以及感情的最大傷害，或者對方向你表明因出軌而不想繼續婚姻，那麼此刻你就要做好離開的準備了，放下一段已經不值得留戀的婚姻是你最明智的選擇，雖然過程必定艱辛，但是只要勇敢開始新的生活，另一段屬於自己的幸福將會在遠方為你守候。

說說話才能走下去

溝通始終是婚姻中最好的潤滑劑，尤其在婚姻觸礁的時刻，有效的溝通將使你化險為夷。不論是令人頭痛的「婆媳衝突」，還是欲言又止的「無性婚姻」，又或者朝夕相處時婚姻生活中難免出現的形形色色的問題，最根本的原因就是缺乏必要的交流。

當問題出現，你不言，我不語，日積月累中連結彼此的樞紐開始打結、阻塞，當徹底滯流之時，婚姻註定失去走下去的動力。只有有效的溝通可以帶你進入對方的內心，瞭解他的所需和為難之處，自己相對地做出改變並給予對方幫助。同時要注意，有效的溝通要避免「暴力」的方式，無論「冷暴力」還是「熱暴力」都是婚姻的致命傷。

只有風雨同舟中，婚姻之船才能駛過暗礁，乘風破浪。

第五章

「不惑」之「惑」

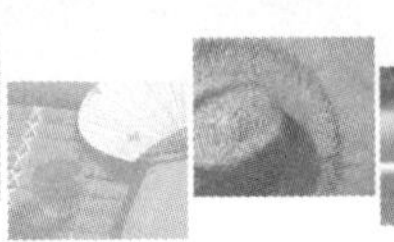
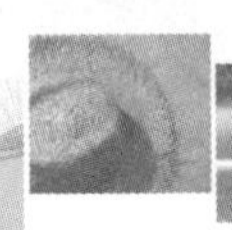

1、撐起頭頂的那片天

人到中年，是人生一個承上啟下的介面；人到中年，是人生這班列車開得最快的時候，那車窗外一路的好風景，卻無暇顧及；人到中年，面臨水深火熱的溝溝坎坎；人到中年，諸事勞形，萬事累心，家裡家外，為了撐起頭頂的那片天不得不壓彎了腰……

人到中年，即使頭上的天空烏雲密布，也要撥開雲霧看見太陽！

危機重重

不知道從什麼時候起，原本青春綻放的笑容開始日漸滄桑，步入中年，這時的我們成為社會和家庭的中堅力量，在外是公司的主力，在內是家中的樑柱，上要照顧老人，下要撫育子女。中年人在社會中扮演重要角色，為事業、家庭和親人終日奔波，是最繁忙、最勞碌的人群，於是事業壓力、家庭壓力、經濟壓力、人際壓力等等諸多重擔加身，正值人生的瓶頸，中年危機浮出水面，不得不背上了一口口碩大的「壓力鍋」。

事業壓力

到底有多少中年人會遭遇事業壓力？據西方相關的統計資料顯示，大學學歷以上的中年人感受到事業危機的大於60％，並且往往職位較高者更容易感受壓力，「中年事業危機」已經逐漸成為一個全球性的問題。

他們通常會面臨升遷不易、加薪有限的尷尬處境，持續發展的障礙重重，不僅在自己的部門裡遭遇「天花板」，即使主動削尖腦袋往上爬或者尋求新的出路，也始終沒有好的職位和發展。一個公司裡，管理層絕不可能有太多職員，中年時期我們往往已經爬到一定的高度，更上一層樓艱難重重，加之新人輩出，又都盯著自己的座位，優勝劣汰的競爭何其慘烈！此時何去何從是個問題，是兢兢業業地奮鬥於原職位上直至退休？還是利用前半生的累積異軍突起自己創業？抑或轉投新領域、新行業，開闢新天地？如果故步自封地守著原來的位置，還是有可能被源源不斷的後起之浪打死於沙灘之上，若在此時自主創業從零開始，或者選擇事業轉型尋求突破，成功則已，皆大歡喜，而如若無疾而終，前半生辛勤耕耘非但沒有收穫還會付諸東流，得不償失啊！前半生的累積和經驗都淹沒在中年的事業危機裡。甚至還有人面臨或者已經承受失業的壓力，不僅自尊心

受挫，面對家中老小，生活壓力，還有未來的個人養老問題，免不了缺乏安全感，心理受到沉重打擊。

家庭壓力

人到中年，除了事業壓力外，還有一個背在身後的巨大「包袱」——家庭，「包袱」中的三樣東西不停地增加重量，使人幾乎沒有喘息之機。

「包袱一」父母：

兒時記憶還歷歷在目，不知不覺父母曾呵護我們的強壯臂膀，此時卻交付我們手中攙扶前行，做為他們年邁時唯一依靠的我們，面對這份義不容辭的責任，自然要不遺餘力，把當初加諸於我們身上的愛成倍返還。於是，他們的飲食起居，他們的日常生活，他們的身體健康，他們的心情舒暢，他們的一舉一動牽絆著我們的心，我們理應面面俱到、照顧周全，讓他們安享晚年。孝敬與贍養老人也成為我們不得不面對的壓力。

「包袱二」孩子：

「上有老」的壓力還在繼續，「下有小」的重擔也容不得你喘息。當你每次凝視自己的孩子，感慨於生命的意義就在於傳遞，看著他們像極了自己的眉眼和每一天的成長，心中充滿了欣慰與自豪。孩子不僅是父母的驕傲，更是父母的壓力。怎樣讓他健康成長，怎樣可以把他教好，怎樣使他將來可以雙腳站立於社會之上，被尊重、被需要、實現價值？對子女方方面面的不得不給予的極端負責態度，帶給中年父母不少壓力。

「包袱三」婚姻：

「婚姻危機」已經成為中年人家庭幸福的隱患，成為中年人家庭壓力的主要來源。來自國內外的研究和調查資料都顯示出，正值中年婚姻關係走入平淡的低谷期，正是婚姻的多事之秋，夫妻關係沒有理順，爭吵不斷，終日陷在苦惱、爭吵中，心有不甘，日子像被小蟲層層噬咬，喪失了幸福感，此階段是婚姻發展最為困難的時期。如果此時面臨「離婚」的風暴，代價尤為慘重，因為它讓人在最需要攜手奮鬥的階段忽然失去一雙可以相互攙扶的手，心理的傷害和實際的損失都很大，還會影響孩子的健康成長，在家庭財產方面也要面臨分割。壓力猶如洪水猛獸撲面而來。

經濟壓力

根據二〇〇八年的一項調查顯示，有近七成的成年人認為有中年經濟危機，有經濟壓力激增方面的原因。

首先，家庭原因。中年時期，其子女大多正值中小學階段，子女的教育支出、上大學的費用、日常生活費用不可避免，同時很多家庭還要贍養老年父母，老人的日常開銷、健康保健、醫藥費等也是筆不小的支出。

其次，個人養老和健康。此階段為人生邁向老年的過渡階段，在離退休不到二十年的這段時間裡，壓力重重的工作帶來有限的收入，如何在這種艱巨形勢下獲得日後養老的保障，解決養老費用來源，安享晚年是每個中年人頭痛的問題；健康方面，四十歲以後體力走下坡是無法避免的自然規律，中年以後為了保障身體健康而需要支出的健康檢查、健身運動費用、保健費和健康保險費用等，以及出現疾病後產生的醫療費用都成為不得不承受的負擔。

第三，衣、食、住、行及各種應急開銷。除了上述壓力外，很多家庭還要背負房車貸款的壓力和日常生活中衣、食、住、行等必然花費，同時還要做好應付各種難以預料的應急開銷的資金準備。

人際壓力

中年處於青年向老年的過渡時期，衰老跡象開始浮現，由於各種壓力在身，很多人開始迴避與他人的交流，變得寡言少語，人際壓力初露頭角。

工作中，上有老闆監督批評，下有下屬虎視眈眈拼命追趕，職場人際難上加難；家庭中，中年人正處於老人和孩子之間，與兩代存在年齡和時代造成的心理差距，溝通自然阻礙重重，此時如果缺乏理解與交流，久而久之為了「天下太平」，中年人越來越惜字如金；生活中，中年人每天都為了生計疲於奔命，習慣把壓力放在心裡，不願釋放，與朋友的交流也日益減少。長此以往，人際壓力會導致中年人的生活圈越來越狹小，與外界的溝通越來越少。

對症下藥

人到中年，事業、家庭、經濟、人際等各種壓力，都令人感到身心疲憊，不堪重壓，該如何應對，度過人生中這段令人心煩意亂的歲月，是每一位正值中年或者終會踏入中年的你必須考慮的問題。壓力襲來，對症下藥，撥開層層烏雲，找回快樂的人生，為這段「收穫季節」譜寫躍動的音符。

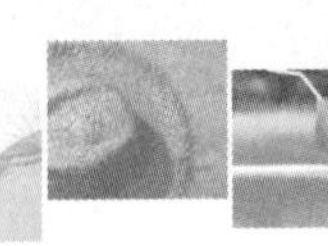

事業壓力之「解藥」

首先，保持良好的心態。

壓力往往是外因結合內因的結果，在工作中上司通常是絕大部分壓力的來源，下屬的失職也會給你帶來麻煩，同事之間摩擦也可能造成不快，相較而言，在工作中證明現階段自己無人替代的能力，贏得上司的信任與賞識是重中之重。還要注意調整好自己的心態，努力使自己保持豁達、寬容之心，保持積極愉快的情緒，要善於把自己的壓力與煩惱傾吐出來，將消極情緒釋放，這是日常工作中一種很好的減壓之法。

其次，多多的自我良性暗示。思考歲月的累積為自己帶來的成長與收穫，認識到現在的自己正處於職業生涯中最穩健發展的階段，經驗與能力是所有後來人所望塵莫及的，想一想自己過去成功的經歷和自身具備的優勢，肯定自己在公司中不可取代的位置。

未雨綢繆，尋找更好的發展方向並為此努力。在坐穩現有工作之位以後，可以根據實際情況，結合未來規劃，為自己尋找更有助於發揮自我的方向，並著手準備。一定要權衡現狀與改變的得失利弊，爭取做到面面俱到、有備無患。

最後，學會工作中的放鬆。工作並不意味著弦總是繃著，出現壓力時，適時放鬆一下，會對身心皆有好處。一個充足踏實的睡眠、做自己喜愛的運動、一場嚮往已久的旅遊、一段久違的休假等等，足可以驅散壓力帶來的憂慮和不安，張弛有度的工作才能為你的事業保駕護航。

家庭壓力之「解藥」

人到中年，家庭的和諧安寧最重要。此時往往上有高堂、下有兒女，他們不僅要擔心父母的晚年健康，還要操心兒女的教育成長，充溢心間的常常是家庭的沉重負擔，最讓他們不堪忍受的是與伴侶之間平淡得不能再平淡的早已沒有了激情的婚姻。

許多中年人家庭壓力的主要來源，便是缺乏與家人的溝通交流，而不寬容則是婚姻問題的禍首。在與老少兩代的相處中，溝通至關重要，既然人生走到此刻這是肩膀上不得不扛起的責任，何不多抽出一些時間與家人共享天倫之樂，維護家庭的和諧美滿。而面對中年婚姻時應當採取不偏激、理智、寬容的態度，雖然沒有了昔日的激情，但是在共同經歷了幾十年的風雨滄桑之後，濃濃的親情與不必言說的默契卻是彌足珍貴，遇到問題時，對另一半多點體貼與關心自然可使他感受溫暖，重視夫妻間的感情交流，夫妻

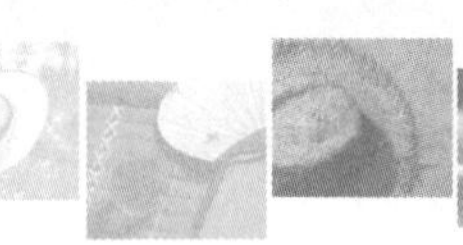

之間若能達到感情上的和諧共鳴，就能達到心理活動的互補調節，避免惡性情緒的累積刺激。時刻為婚姻加溫，共同攜手才能走好以後的人生之路。

經濟壓力之「解藥」

中年人的經濟壓力不容小覷，必須負擔的各種開銷成為束縛他們頭上的緊箍咒，動不得，擺脫不掉。解決經濟壓力的有效辦法就是「理財」。

人到中年，事業往往小有成就，人在各個方面逐漸趨於成熟，隨著日積月累的打拼奮鬥和社會地位的提高，收入逐漸增多。同時生活中的支出也隨著時間的推移越來越多，例如購屋、買車，衣、食、住、行、生活娛樂等。這種情況下，當然還是要繼續量入為出，並且將一部分暫時派不上用場的錢用於投資，讓其發揮最大作用，給我們帶來更多的收益。比如投資基金、股票、不動產，如果收入比較穩定，財務狀況提升，還可以加大投資力度，以便為贍養老人、撫養子女及自己日後養老做好財務上的準備。

人際壓力之「解藥」

做為這個社會的組成部分，每個人都是社會生活的一分子，交錯間構成了複雜多彩的人際關係網路，中年人更是這個網路中不可缺少的支脈，他們在其中扮演著承上啟下的角色。因此當中年人遭遇人際關係的壓力，不僅不利於他們的生活，還會引起一連串的連鎖反應，必須盡早克服。

首先要敞開心扉，廣交朋友，人的一生中總會需要別人的幫助，尤其正值中年，危機襲來，更需要別人傾聽、提出建設性意見並給予幫助。人際關係的好壞也會關係著一個人承受壓力的能力，良好和諧的人際關係有助於抵抗壓力。

其次，建立良好的人際關係，要尊重他人，理解與寬容是處理好人際關係的兩大法寶，與人交往一定要善於交流，增加彼此瞭解，以免發生誤會導致矛盾產生。無論是與配偶、父母、子女、同事等都要保持良好的關係，當你遭遇壓力時要積極與之溝通，尋求他們的支持和幫助。

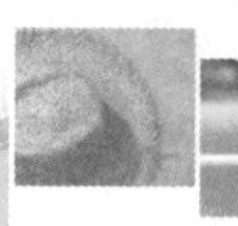

2、惑在「不惑」

光陰荏苒中，原本激情飛揚的青春樂章也出現了不和諧的音符，事業中、家庭裡，高壓重重，現實生活中的重重矛盾讓中年人感到心力交瘁，不勝重壓，同時自然的生理規律也開始侵蝕中年人的健康，身體一天天衰老，疾病和死神正張開血盆大口擇人而食，加上奮鬥多年積壓下來的心理疲勞和精神負荷漸漸超過警戒線，各種生理、心理疾患紛至沓來，人到中年，不惑之時，卻成為人生最困惑的時刻，剪不斷理還亂！

如何在不惑之年真正做到無惑或者少惑，讓中年人在豐收的季節裡收穫果實，享受快樂，是獲得中年幸福的必修課。

心理之「惑」

每個人幾乎是出於本能地不斷提高著自己的人生期望，希望自己的事業越來越好，生活越來越優裕。尤其在很多人眼裡，中年人是社會和家庭的中堅力量，好像一生中最值得驕傲的正果都應該在此時修得，於是終日不停地攀登追求，似乎稍有鬆弛便會日過午頭。工作責任、家庭責任等令他們一再自我加壓，家裡家外的多重角色對他們來說，都代表著責任和義務。然而他們通常不願讓家人分擔憂愁，重壓下不能得到有效釋放，常常弄得身心交瘁，疲憊不堪。久而久之，他們背上了「中年壓力鍋」，遭遇了「心理更年期」，出現孤獨、易怒、沮喪、壓抑、焦慮等負面情緒，沉重的心理壓力使他們困惑不已。

孤獨

人忙忙碌碌到了中年，背負著事業和家庭，很少有時間與別人進行交流，總是奮鬥於自己的天地裡，常常深感孤獨。競爭空前激烈，人與人之間彼此產生警戒之心，關係越來越冷漠。小有成就者時常會有高處不勝寒的感覺，而事業進展不順者又難免會產生沮喪、壓抑的情緒。

大多數中年人在內在與精神上都是孤獨的，他們認為在工作中要把自己的事情做好，就得與他人保持一種不帶任何情感色彩的關係，在他們看來，對另一個人真情流露也是不恰當的。一方面無暇與老朋友往來以增進感情的交流，另一方面對於結交新朋友

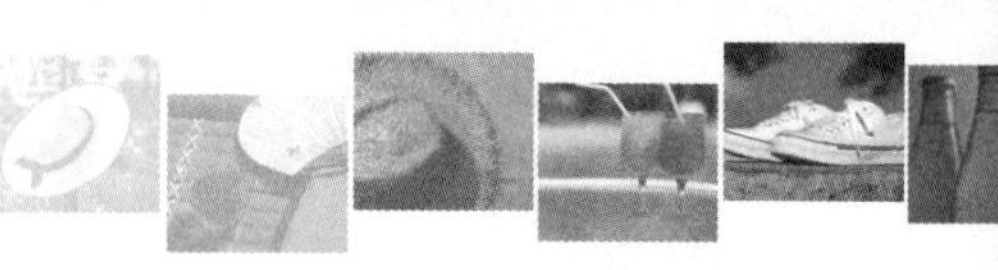

更是無心且無力，很多人都沒有一個可以完全信賴和吐露心事的朋友，同時認為沒有一個知己不足為奇，這種現象是正常的，然而真正的友情是要透過內心的交流建立的，因此內心世界的封閉導致的友情缺乏使中年人陷入一種強烈的孤獨，加上忙於事業很少顧及家庭，疏於與家人之間的情感交流，長此以往，導致情感封閉，苦不堪言。許多中年人表示，在現實生活中感到「孤獨、嫉妒、憤怒、緊張」，孤獨感和對他人的排斥感加劇了他們的中年情緒危機。

易怒

中年人終日要面對各種競爭，接納處理各種繁雜的資訊，更要應付各種複雜的人際關係，心理壓力之大可想而知，日復一日重複艱辛的工作帶來不盡的勞累，即使是一向溫和的人，固執己見、容易衝動、好發脾氣、動輒訓人、與人相處充滿敵意等不良情緒也會逐漸浮出水面。

他們可能會同情那些生活陷入困境的人，卻往往對那些平步青雲之人生出敵意，同時生活中一件瑣事的不順利可能也會使他們暴跳如雷。這種敵意與易怒的產生，大都與自卑感息息相關。當其有了一番建樹後，會變得那麼的和藹可親、耐心並且慷慨大方，而在失敗之後，他們是多麼容易惱怒。對待同一件生活小事的態度，可能會在工作中遇到麻煩的那一天和得到上司嘉獎的那天，呈現截然不同的兩種反應。雖然這種敵意與易怒的心理對中年人來說是頗為普遍的現象，但它畢竟是種消極情緒，倘若不加克服任其發展，很容易導致一個人的心靈扭曲。當你習慣戴著有色眼鏡看人，或者缺乏控制情緒的能力，會使自己陷入牢騷滿腹、痛苦不堪的泥沼。

沮喪

人到中年，遭遇逆境，事業停滯抑或家庭觸礁，很容易產生沮喪的情緒。嚴重者一蹶不振，漸漸地不再喜悅感動，甚至逃避責任，把所有的過失歸咎於他人，整日沮喪憂愁起來，對生活已沒有了期待。內心沮喪源於他們對周圍環境的無法融入，無法適應周圍的人和事，於是他們開始逃避現實，拒絕面對現狀，感嘆世事不公，沉溺於自憐中，繼續偽裝下去。即使身處順境，當家庭的關係失衡之時，面對亂七八糟的家庭往往也會產生強烈的沮喪感。

當生活的不幸被負面的情緒擴大，處於沮喪的夾縫中生活的中年人被持續強烈地困擾著，很有必要接受心理治療，但他們中的大多數又不願直面自己的心理問題，這樣不

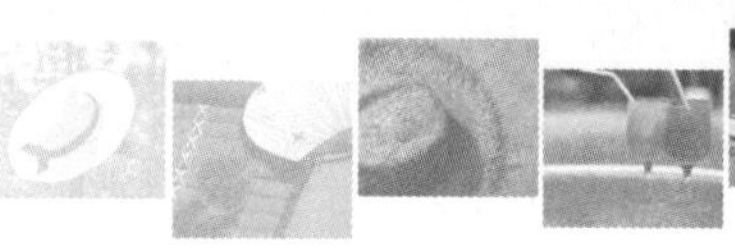

可避免地會對他們的工作、家庭造成進一步的破壞。

壓抑

現今社會對一個人的價值肯定，往往和他們的成就、財富、地位緊密相關，每個人都在削尖腦袋求上位，於激烈競爭中力求出人頭地，尤其對中年人來說，功成名就、建功立業就像是代表自己的最好名片，永遠都在不停地追逐著，而給自己帶來了無窮的心理壓力。而傳統的社會文化又要求人們「喜怒不形於色」，尤其對於男性，更是將「男兒有淚不輕彈，即使到了傷心處」奉為規臬。長久的壓抑之後，中年人習慣了對自身情緒的抑制，任其發展甚至帶來他們的憂鬱症狀，深化了情感危機。

焦慮

中年，是最容易感到焦慮的人生階段，承載太多太重的負擔，超負荷的工作、長久激烈的競爭、生活環境的改變、人際關係緊張……等一系列現實問題困擾著他們，挑戰著他們的神經極限。身處社會競爭的漩渦中心，中年人面對工作中的爬升、家人生活條件的提高，往往不惜代價地奮鬥，長期的壓力累計以及不注意調整心態和情緒，此刻極容易因壓力過大導致萎靡不振，患上焦慮症。

身體之「惑」

中年之「惑」，不僅「惑」於心，還「惑」在身。巨大的壓力不僅影響了中年人的心理，最直接地危害了他們的身體健康。

人盡皆知，身體健康是工作和生活的基礎，是實現一切理想的前提。可近年來許多身處中年的各界精英人士紛紛出現英年早逝現象，即使是普通中年白領階層的健康觸礁問題，也常見諸報端或者發生在身旁，這一切都向我們昭示了一個問題，中年人的身體健康問題日益突出。

人到中年，生理情況開始發生變化，免疫力下降，內分泌失調，如同一輛長期上路、年久失修的老車，各部零件漸次磨損了，極易受諸疾百患侵襲。一直長期的超負荷勞作是對他們健康的極大挑戰和威脅。尤其在一些大城市，有接近50%的人不同程度地患有高血糖、高血壓、高脂血症、高尿酸症等疾病，同時慢性非傳染性疾病的患病率也

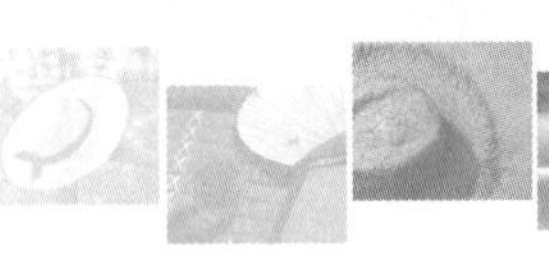

逐年升高，甚至中年職業婦女患乳腺疾病也明顯增多。自身的健康狀況常給中年人帶來不盡的壓力，醫學界稱中年為「危險期年齡階段」，疾病發病率較高。據有關資料顯示，四十歲為身體健康的多事之秋，原發性心血管疾病多數是在此後出現症狀，動脈硬化尤其是腦動脈硬化大多也發生於此後，老年性關節炎臨床上發現X光片改變也在此年齡階段。中年是器質性疾病多發的階段，心腦血管病、前列腺炎、頸椎病、肝膽疾病已成為中年人身上的幾顆「定時炸彈」，隨時威脅著中年人的身體健康。

解「惑」之道

如何在「不惑」之年讓中年人解除種種困惑，衝破重重壓力，是中年人獲得幸福快樂生活的關鍵。

心理上——不做「超人」

人到中年，正是人的一生中最理應淡定又最不穩定的時期，身後巨大的「壓力鍋」使得許多人心理負荷過重，因此中年人學會減輕心理壓力就顯得尤為重要。

最根本的一點，就是不要在生活中、事業上處處爭做「超人」。遠離苛責自己當「超人」的欲望，不要企求自己把每一件事都做得完美無缺，畢竟人的精力是有限的，誰也不可能面面俱到。先明瞭哪些事情可以穩操勝券，繼而將主要精力放在這些事情上，逐一處理問題，一旦首戰告捷，不僅可以獲得最大的自我滿足，還能使最棘手的問題迎刃而解，至於其他的事情，盡力而為後即便結果不盡如人意，也不要對自己求全責備。如果你總是想事事親力親為，並且盡善盡美，你可能把自己看得過高了，應當反省一下。

要懂得寬容與讓步。不要對他人過於挑剔，如果你對他人期望過高，一旦其做得不盡你所意，很有可能會感到失望，不必強人所難或對別人失去信心，寬容待人，應當看到別人的優點，並協助他發揚光大。同時要懂得讓步，時時沉溺於緊張狀態的人往往事事爭先，對他們來說，生活中一切的事情都是競爭，非贏即輸。當與別人發生爭執時，常常固執己見，理論到底。其實無論誰對誰錯，都應給對方留有餘地，自己往往也更加從容。

學會傾訴，與人為善。當你為自己的事煩惱不已，甚至焦頭爛額時，不妨找家人或

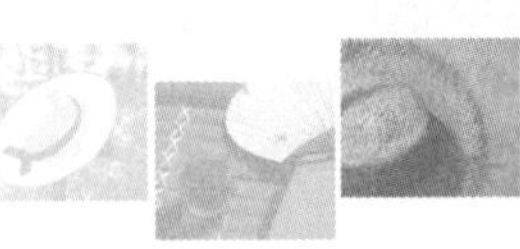

者朋友傾訴一番，有時將心中的壓力傾瀉出去就是最有效的減壓方式，還可以盡自己所能地幫別人做點事，這樣不僅可以幫助他人，還能紓解你的壓力，同時為你帶來滿足感。

有意識地「訓練」自己的情緒和處事方式。如果你發現自己有一天變得動輒發火，像一隻刺蝟一樣永遠保持著防衛與進攻的狀態，你的痛苦可想而知。如果任由這樣的自己發展下去，帶來的後果往往傷人傷己，一定要懂得如何控制自己的情緒，如果你想訓斥別人，盡量放一放再說，易發怒時，你可以做一些事來轉移注意力，暫時平息怒氣有助於你更有把握地、理智地處理問題。

巧妙面對壓力，增強自信。讓不可避免的壓力襲來，有時其實是有好處的，不妨去做點什麼事，暫時換換環境，給自己更多的時間思考如何打敗這些壓力，讓自己「原地受罰」是自我折磨，當你冷靜下來，調節情緒之後，面對壓力時不僅更有準備，而且更有力量。還要明白人生的這一階段諸多壓力是必須承受的，分析一下自己的優勢，人到中年的歲月積澱往往是最大的財富，你有成熟的心態和足夠的能力來面對逆境及壓力，增強自己的信心是擊退壓力的有力武器。

學會放鬆。當你忙得不可開交時，還要注意勞逸結合對你繼續前進的推動力，計畫出一個固定的時間放鬆大有好處，應培養一種愛好，並全身心投入其中，得到樂趣，暫時把工作放到一旁，之後帶著輕鬆的身心投入戰鬥。

身體上──做個「超人」

當中年人的身體健康遭遇壓力之時，就要用健康的生活方式把自己打造成一個「超人」了，這是身體壓力反擊戰的制勝途徑。

改善生活方式，按時體檢。中年人要有健康的生活方式，在飲食上更要相當注意。不能飲食無規律，也不能饑飽無常或者暴飲暴食。要避免攝入含高膽固醇、高熱量的食物，多吃低糖、低脂肪、低熱量和高纖維的食物，改善膳食結構，少吃豬肉和牛肉，少吃動物內臟，多吃深色蔬菜、水果以及魚類等，戒菸限酒。同時，最好每年至少健康檢查一次，防患於未然。

勞逸結合，保證睡眠。良好的睡眠有利幫助你恢復活力，避免「開夜車」。而且深層睡眠不但能幫你化解壓力、敏銳頭腦，睡眠中分泌的激素還有助維持機體的重要功能。應當有規律地保持合理的作息時間，早睡早起，調整你的生理時鐘，盡可能使其與

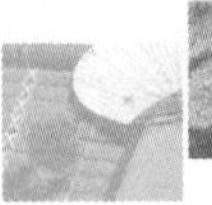
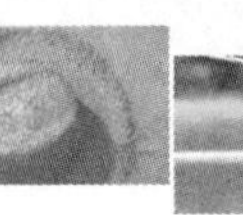

你的工作時間相吻合，這樣就不會感到很累了。充足的睡眠對身體保健和養精蓄銳意義重大。

經常運動。合理的運動有助於增強體質、改善心境。研究證實，運動能增強心臟功能、肺功能和呼吸功能，提高代謝水準，並使體內免疫功能加強。中年人應該根據自己的喜好、條件和體力選擇運動項目，如步行、球類、游泳、舞蹈等，並且有計畫地安排運動時間，持之以恆，將收穫無窮。

第六章 人約黃昏後

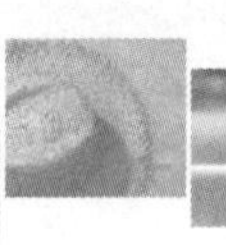

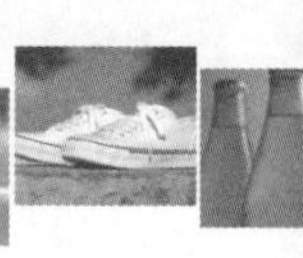

1、搭上那輛健康快車

老年，是我們每個人的人生必經階段；老年人，是社會大家庭中不可缺少的一部分。他們詮釋著智慧，他們象徵著收穫，他們是豁達、平和的代名詞。然而，隨著不可避免的生理機能衰退和社會各方面因素的影響，他們具有自己獨特的心理與生理特點，隨著時間的遷移和社會的發展，老年人承受著比其他年齡階段的人更大的心理壓力與生理壓力。

在每個家庭中，老年人也許是我們的父母，也許是祖父母，他們的健康問題一直是我們心中的頭等大事，可以說，老年人的晚年幸福就是我們最大的幸福。如何幫助老年人面對並擺脫困擾著他們的心理及生理問題，甩去壓力，搭上健康快車，刻不容緩。

「老」在心

據報導顯示，預計到二〇二五年，世界老年人的比重將達到14%左右，這無疑向我們揭示了日益緊迫的人口老齡化問題。做為社會中需要關愛的群體，老年人的心理健康問題尤其值得關注。

黃昏心理

安度晚年、健康長壽是每個人對老年生活的美好願望，但天有不測風雲，世事難料，如果人在老年遭遇生活中的意外打擊或者重大刺激，譬如喪偶、子女離家工作、自身年老體弱或罹患疾病等，往往會給他們帶來沉重的打擊和壓力，甚至可以擊垮他們的心理防線，感到對生活失去樂趣，對未來喪失信心，甚至對生活前景感到悲觀等，對任何人和事都懷有一種消極、否定的灰色心理。

失落憂鬱

老年人退休後，離開原有的職位及社交圈，經濟收入減少，社會地位和社會交往也發生了不小的變化，現在面對的一切都與之前反差甚大，當他們的自身角色轉換和與社會適應能力發生矛盾時，極易感到不再受人尊敬和重視，進而產生失落感和自卑心理，常常留戀過去，沉浸當年，多愁善感，又或者變得急躁，愛發牢騷，經常指責子女或過

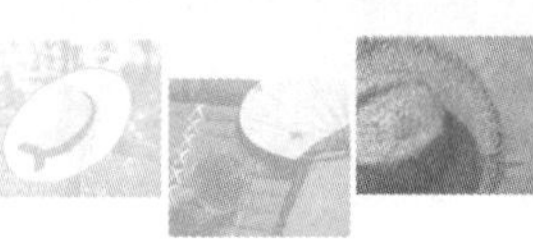

去的同事和下屬，甚至自暴自棄，慢慢就會走入憂鬱的泥沼中。

無價值感

通常具有較高價值觀念和理想追求的老年人，在離開奮鬥一生的職位後，心理上都不甘輕閒，他們渴望老有所為。但是，受制於自身健康狀況和社會觀念的束縛，他們在退休後往往賦閒在家，對忽然而至的無所事事不能適應，認為自己成了家庭和社會的累贅，失去存在的價值，對自己評價過低。當老年人在志向與現實之間產生矛盾，無奈之下的無價值感不可避免。

不安全感

有些人在步入老年後，很容易表現得與外界格格不入，對很多社會現象普遍反感，存在偏見，進而封閉自己，很少與他人交流，慢慢地變得與世隔絕，也就極易產生孤獨無助之感，甚至害怕恐懼外面的世界。還有一些老年人在長期與他人缺乏溝通和來往，對於別人善意的關懷和幫助，常常會多疑起來，形成懷疑別人是對自己不懷好意的疑病心理。

老年性精神障礙

有些老年人，由於缺少規律的生活，加上很少參加群體活動，或是家庭中夫妻關係、親子關係不和，對生活沒有愉悅感，就可能誘發各種精神障礙，如神經衰弱、焦慮症、憂鬱症、疑病症、恐懼症、強迫症等。也有研究顯示，老年時期的精神障礙發病率略高於其他年齡層次。

「老」在身

除了不可避免的心理問題，老年人還要面臨正常的生命規律所帶來的生理壓力，如身體機能的老化、各種疾病的困擾等。

各身體機能老化

首先，神經系統的靈活性降低，記憶力減退，手腳不靈活，對各種刺激的反應比較遲鈍，做事情容易疲勞，疲勞後恢復較慢，另一方面，老年人的思想易於集中，各神經中樞之間的聯繫較鞏固。其次，軀體形態的變化表現有，皮膚乾燥，出現皺紋，牙齒

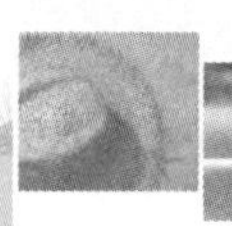

逐漸脫落，頭髮變白或脫落，肌肉的彈性差，視力、聽力減退，消化系統減弱，骨質疏鬆。其三，心血管系統中心肌萎縮、硬化，血管壁變硬，常易引起高血壓，使心臟負擔加重。第四，呼吸系統中肺泡壁彈性降低，肺活量減小，積存在肺泡裡的殘氣量增加，容易造成肺氣腫及呼吸困難。

各生理功能逐漸衰退，導致老年人代謝減慢，免疫功能下降，對外界和體內環境改變的適應能力減低，體力下降。

各種常見疾病侵襲

體弱多病，似乎是我們談到老年人時經常涉及的話題。的確，人到老年，由於生理機能的老化和長久以來不健康的生活習慣，開始受到多種疾病的困擾。

常見的慢性疾病主要有包括高血壓、心臟病、動脈硬化、腦血管疾病、關節炎、老年性癡呆症、骨質疏鬆、糖尿病、慢性支氣管炎、肺氣腫、惡性腫瘤等，除此之外，用藥安全也是值得老年人重視的大問題，由於老年人常同時服用多種藥物，容易出現因用藥過量或藥物相互作用而導致的種種危險，加上視力減退，服錯藥物的危險也威脅著老年人的用藥安全。

防「老」抗「老」

搭上健康快車

人過中年逐漸走向衰老，古往今來這都是一個不可抗拒的自然規律，無論王侯將相，達官貴人，抑或市井小民，尋常百姓，都會有邁入老年的那一刻。

曹操曾感慨：「老驥伏櫪，志在千里，烈士暮年，壯心不已」，可謂老當益壯之楷模。如今，越來越多的老人都有著不服老的自我意識，可是自身卻受困於心理、生理的雙重壓力，如何使他們順利搭上健康快車，煥發出「第二次青春」，在社會生活的各個領域裡繼續發揮餘熱，是一個至關重要的課題。

「生命在於運動」

實驗證明，運動不僅能使老年人延緩衰老，還可以延年益壽。因此，老年人要注意加強身體的適度鍛鍊，循序漸進，並且持之以恆。適度的鍛鍊是對抗心理壓力、打造健康身體的最好方法之一，不僅可以使心肺活動量增加，提高身體的耐受性，還能分擔體內因心理壓力而產生的多餘應激激素，減壓以幫助人提高精神境界，減少憂鬱狀況，長

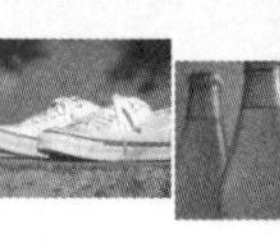

期堅持鍛鍊可以提高人對壓力的承受力。

待人寬厚

在日常生活中，我們可以看到許多的長壽老人，他們的一個共同特點就是慈祥善良、待人寬厚。美國心理學家證實，同情並幫助他人，有利於保持自身的心理健康，對他人的不幸遭遇報以同情及援助，可以提高自身免疫能力。沒錯，對人寬厚、幫助別人，不僅有益於他人，更有利於自身。人不可能做到徹底的無私，但至少可以少一些自私，老年人名利淡泊了，與人少爭了，待人寬厚，心平氣和，時時處處為他人著想，自然可以擺脫壓力，有益於身心健康。

「活到老，學到老」

當老年人步入人生的新階段，雖然不可避免地脫離職位，但是仍然要保持「活到老，學到老」的積極心態，豐富精神生活，延緩大腦衰老。有許多事物都需要老年人重新學習與認知，例如老年的健康保健、老年社會學、老年心理學等等。同時還要與時俱進，關注國內外大事，瞭解社會變更，接觸新生事物，掌握新知識，接納新觀念，緊跟時代步伐，這樣不僅可以避免被社會所淘汰，還能豐富晚年生活，例如學習電腦操作和網際網路應用等。勤於學習，科學用腦，在可以隨時更新科學的養生保健知識的同時，還能保持心理的健康發展。

樂觀豁達

無論何時何地，良好的心態都是人們獲得身心健康的關鍵所在，對於老年人尤其如此。時刻保持快樂的情緒和堅守積極向上的心理狀態，對事對人做到樂觀豁達，並且與時俱進，積極向上，那麼他的生活品質和人生價值必定具有更強大的社會意義。有一句話說得好，「一種美好的心情，比十副良藥更能解決生理的疲憊和痛苦」。是的，樂觀與豁達對於老年人來說是一種極其珍貴的資源，當你擁有它時，幸福的晚年生活將常伴你左右。

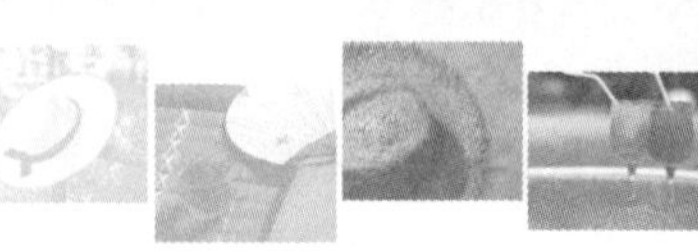

2、黃昏時，美景依舊

人生行至老年時光，彷彿開始了夕陽斜照的黃昏，雖然不再是晴空萬里、驕陽如火，但是仍然頗具韻味，美景依舊。

老年人在我們的家庭生活中扮演著十分重要的角色，俗話說「家有一老，如有一寶」，可是往往家庭生活中的許多問題困擾著他們，為他們的晚年生活帶來壓力。

美景中不和諧的一面

雖說黃昏依然美麗，可是仍會偶爾有不和諧的一面顯露，老年人家庭生活中的壓力概括說來，有兩方面。

贍養問題

老年人贍養的基礎問題包括經濟供養、生活照料和精神贍養三方面。兒時父母對子女百般呵護，悉心照料，如今兒女長大成人，各自成家立業，本應回饋父母養育之恩、盡贍養老人義務之時，可是有的子女由於客觀原因或自身道德與法律意識淡漠，對年邁的父母不提供經濟供養與生活照料。

原因一，子女自身經濟壓力大，收入不高。很多家庭難以承受撫養孩子和贍養老人的雙重壓力，使得老人的生活品質大打折扣。當子女自己生活都成問題的時候，或者他們把精力都投注在了自己子女身上的時候，根本無力或無心贍養自己的父母。

原因二，子女道德缺失。因為老年人創造經濟價值的能力降低、經濟收入的下降，直接影響到他們在家中的地位，有的子女甚至將履行贍養義務與分得家產掛鈎，強調「多分多贍養，少分少贍養，不分不贍養」。有的認為自己已成家立業，無需再依靠父母，因此拒絕贍養老人。有的外出工作，根本無暇顧及家中老人的事，甚至有的因為父母體弱多病，實屬累贅負擔，「久病床前無孝子」。

原因三，家庭子女多，互相推卸責任。這樣的子女為求「公平」，對老人往往實行「輪班坐莊」的贍養方式，將理應盡責的義務變成不得不做的任務，老人被子女推來讓去，使得其基本生活都成問題，精神贍養更談不上了，有的子女還不顧老人的意願，將

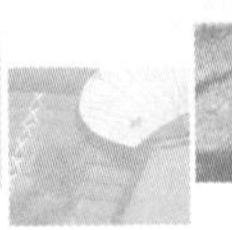

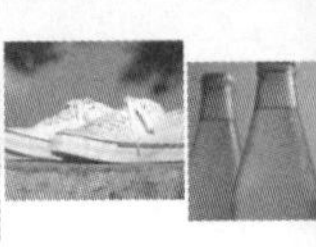

二老拆散贍養，致使老年人不僅生活上被子女當作累贅，精神上也相當孤獨苦悶，於是「養兒無法防老」、「三個和尚沒水吃」成為普遍現象。

原因四，精神贍養被忽視。社會與子女往往更加重視老人物質贍養方面，對精神贍養卻往往忽視。精神贍養強調對老年人精神世界的呵護，首先尊重的是精神贍養的基本要求，老年人有自己的生活方式、思維習慣和自主選擇的權利，在通常情況下都應該受到晚輩的尊重；其次情感慰藉，其對於老年人的精神健康、心理滿足和幸福程度的評價是非常重要的，也是其他資源很難替代的；第三，子女的成功，父母對子女通常有很高的期待，子女的婚姻美滿、事業成功都是對父母的極大心理安慰，光耀門楣成為對父母最高層次的精神贍養。

還有一個現象，近年來「空巢老人」出現並逐漸增多。

何謂「空巢老人」？第一，「真空巢」，無子女，老倆口相依為命，或是一人獨守空房；第二，「形式上的空巢」，子女在外地工作或子女雖在本地，但住房不在一塊又不能經常見面，另一種是與子女不和而分開獨住；第三，「無形的空巢」，雖然和子女一起住，同在一個屋簷下，但子女由於工作忙，與老人有代溝、缺乏溝通。

這些「空巢老人」通常苦悶，活動不方便，心事沒處訴說，還要擔心無法料理自己的生活，害怕生病和意外發生，害怕孤獨寂寞，心理脆弱的老人容易發展成心理障礙。

情感壓力

雖然已到黃昏之年，但老年人仍然有自己的情感需求，仍然要面對自己的情感壓力，例如離婚、再婚問題等。

少年夫妻老來離

「少年夫妻老來伴」，說的就是相濡以沫的兩個人共同攜手走完一生，這是每個人理想的老年生活及婚姻狀態，可是現實生活事與願違，如今少年夫妻老來離，老年人遭遇離婚的情況越來越多。

老年人婚姻觀念的變化。過去離婚被視為一件丟臉的事，有些老夫妻即使感情不和，但為了面子也會在一起湊合過日子。隨著經濟的發展，社會的進步，老年人的思想觀念也發生了很大的轉變，老年人都有對高品質晚年生活的追求，不少老年人不願再忍

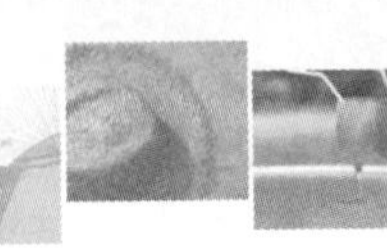

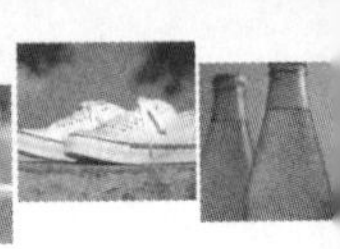

受「死亡的婚姻」，他們也要選擇大膽地衝出圍城。同時，老年人的子女已經成家立業，父母不用再擔心離婚對子女的影響。同時許多缺乏感情基礎的結合令一部分婚姻先天不足，缺乏牢固的感情基礎，性格不合普遍存在，在離開職位之後，待在一起的時間越長矛盾越容易激化。另外，隨著社會觀念的日益開放，曾經令許多老年人難以啟齒的「性問題」，也成為老年人離婚的一個重要原因。還有一方面，就是社會環境的寬鬆使得老年人的社交面不斷擴大，比較容易接觸到新的異性，婚外情的發生機率大大增加。

黃昏戀與再婚

愛情不分年齡，不分階層，愛情面前人人平等，因此許多老年人在離婚或者喪偶之後，都渴求感情上的新依靠，於是黃昏戀和再婚的發生日趨增多，其中出現的問題也為老年人帶來重重壓力。

黃昏戀：

受傳統觀念的束縛，使得許多離異或喪偶的老年人羞於再次戀愛成家。第一，怕子女干涉，通常老年父母的一方再次戀愛會使許多子女在情感上難以接受，他們往往視之為對父母另一方的「背叛」，甚至認為父母年邁還要談及感情是「老不正經」。第二，老年人自身不願再戀，排斥感情。一般發生在多年夫妻或家庭感情不和睦的喪偶者身上，他們對再婚已無興趣，甚至厭惡婚姻生活，希望一個人終了餘生，即使子女幫其找老伴也不接受。第三，把過去的配偶做為尺規。單身的老年人在再次戀愛時，總是不自覺地拿眼前的對象與過去的老伴相比，相形之下總覺得不如過去的老伴好，因而遲遲下不了決心。第四，財產和經濟等原因，老年再婚一般都涉及一些財產和經濟等顧慮，再次談及感情，雙方財產與經濟的處理，是一個很敏感而現實的問題，通常會因此而告吹。

再婚：

傳統的觀念把老年人再婚看成是不光彩的事，老年人本身受這些觀念的影響也往往給自己增加壓力。遭遇子女阻力，有的老年人好不容易談妥了的婚事，可是總在子女關受阻被迫解除，子女們通常看慣了父母的「父母」身分，卻不是把他們看做與自己一樣的人，他們沒有想過風燭殘年的父母也是需要感情滋潤的，他們理應幸福地活得更好。居住及經濟條件造成的障礙，這是一個現實的問題，增多的家庭人口，會影響現有的居住條件，此外有些老人缺乏足以維持獨立生活的收入，都會造成老年人再婚障礙。社會

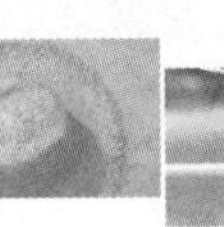

輿論壓力，社會中有些人認為老年再婚是不光彩的，有些人認為老年人再婚是「老不正經」的不正當要求，高齡老人要求再婚，往往引起輿論一片譁然。

讓黃昏美景常在

夕陽溫暖的黃昏總是美麗的，當這處黃昏美景出現不和諧的畫面時，如何讓它如昔動人，需要我們的共同努力。

老年人的自我調適

首先，在家庭生活中，老年人充實生活是非常必要的。根據自己的愛好，培養多種興趣，打打牌、下下棋、練習書法、繪畫；積極進行戶外活動，打球、跳舞慢跑、太極拳、釣魚等；還可參加老年性的各種表演……把自己的晚年生活充實起來。

其次，老年人應當積極投身到社會中去，關心社會，重新確立追求目標，發揮餘熱，老有所為，對於一些身體較好的老人，積極參加社會活動是充實心理，擺脫壓力的良好途徑。

再次，建立有規律的生活，健康規律的晚年生活是老年人收穫幸福的重要保障。

第四，面對情感壓力時，改善觀念與心態，學會妥善處理夫妻矛盾和勇於追求自己的新幸福。

家人的關懷與慰藉

家人應當給予老年人無盡的關懷與慰藉。老年人受生理機制衰退和社會因素的影響，在精神上有較強的需求，尤其是對家庭的精神需求。老年人的社會功能和地位可能被取代，但家庭在對其情感上、精神慰藉上的作用不可能被替代。來自家庭成員之間的親情對滿足老年人的精神需求至關重要，家人對老人在進行物質贍養的同時，更要關注精神贍養。首先，要理解老人心理，與老人分開居住的子女應當經常抽時間去看望老人，一起居住的子女，也應當以各種方式與老人進行情感交流，形成溫暖、體貼、愉快、和睦的家庭環境，使老人晚年精神愉快。此外，適當鼓勵老年人能力所及地分擔一些家務和照料第三代的任務，避免因家庭瑣碎事情引發的矛盾，讓老年人感受到家庭生活的美好。

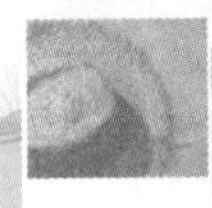

社會關懷

老年事業是一項公益性、社會性的事業，應當引起全社會的廣泛關注。完善老年人的醫療保障體系，滿足老年人的物質需求和精神需求，對老年人的物質關懷和精神關懷，促進健康老齡化的發展，以多為老年人創造和提供更多良好的社交場所，如組織成立一些老年人心理健康衛生諮詢站、老年人服務中心等，多開展以老年人為中心的活動，在全社會樹立尊老、敬老、愛老的風尚，使老年人受到全社會的關懷。

第七章 從現在起「優活」釋放壓力

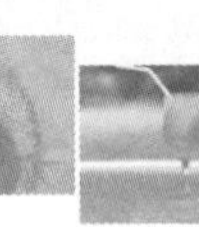

1、此刻，放下包袱上路

歷經了「樂活」減壓的漫漫過程，我們包袱中的壓力於頃刻間所剩無幾，此刻，我們需要做的便是從外在，即透過生活方式上的改變，來徹底把包袱中的壓力傾瀉殆盡，這個過程就是「優活」。

「優活」，即優質生活的簡稱，是我們主動尋找排解壓力、打造優質生活不同方式的行為，是「做」的過程，是一個刻不容緩的過程！

一個沒有壓力困擾的生活，必定是高品質的生活，而積極投入於優質生活中，必然會有助於擊退壓力的侵襲。「優活」，應當包括優質的生活方式，以及它所帶來的高品質的精神追求。

比如一個行跡遍佈世界各地的攝影師，他追求的是一種自在隨性、與眾不同，並且豐富多彩的人生。不間斷的旅行和其間用鏡頭記錄下的永恆瞬間，恰恰能滿足他所追求的生活方式，並且帶給他超越其職業之上的精神滿足。也許你會說他馬不停蹄，也許你會說他居無定所，也許你會說他風餐露宿，也許你會說他漂泊無依，但是他在旅途中經歷的點點滴滴，他親身體驗到的各國文化和風土人情，他鏡頭裡的綺麗美景和溫暖笑臉，他一路上收穫的真摯情誼，也許是我們永遠渴望，卻也可能永遠無法實現的夢想！

生活方式決定了一個人生命的品質，決定了一個人精神世界的厚重，也決定了一個人面對壓力時的抵抗力。我們不能改變生命的長度，至少能在有生之年拓展生命的廣度和深度，這無疑是從另一個角度對生命的延長，是一種負責任的生活態度。

「優活」的意義就在於此，在為我們生活減壓的同時，為我們的生活增質！如果我們能做到此，那麼我們就可以做到淡然地揮一揮衣袖，作別曾經的包袱。

此刻，放下包袱上路，just do it！

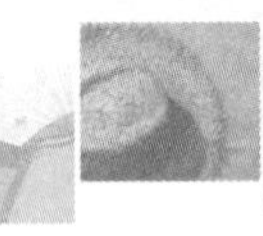

2、「優活」，讓你成為「壓力絕緣體」

追求「優活」的關鍵還是在於你的行動力，它需要你馬上投入其中，並且重視過程及效果。實現「優活」，你會很快地在它的催化下成為「壓力絕緣體」。

優質生活是物質世界與精神世界完美結合的交界地帶，是壓力難以涉足的地帶。我們的生活是迷人的，在任何階段都具有可塑性，你的智慧、能力以及態度決定它的形狀。輕鬆的無壓生活沒有一個既定的合乎所謂標準的形狀，它沒有標準，只有合適不合適。

那麼我們要用什麼實現優質生活呢？答案是行動力。而我們如何發揮最有效的行動力？答案是全面喚醒我們疲憊的身體，調動我們所有的感官，即刻行動，從不同的管道打造優質生活。

眼睛是心靈之窗，靈魂之門，透過它我們觀察世界，感知所在，因此它的感官可以說是所有感官中的重中之重。透過它，我們可以看、可以觀察、可以閱讀，可以欣賞各種或輕鬆娛樂或內容精深的文化表演，用眼睛感受精神的藝術洗禮，用眼睛獲得減壓的祕密通道。

耳朵是接收資訊的最好媒介，許多輕鬆生活的源泉就是藉助這條途徑影響我們的生活，比如力量神奇的音樂，比如安撫心靈的聆聽。

嘴巴與我們的耳朵相輔相成，是我們表達情感，彰顯自我的重要管道。同時，我們可以用張嘴這個簡單的動作來完成不平凡的減壓使命。令人垂涎欲滴的美食，可以讓我們在滿足口腹之慾的同時忘掉憂愁，而做為人類社會交往最基本需求的傾訴，則是我們排遣壓力的最直接方法。

除了面部各種重要感官的貢獻，我們的四肢所起到的作用同樣無可替代。我們可以在酣暢淋漓的運動時，在多姿多彩的時尚娛樂裡，在大呼過癮的血拼購物後，在流連忘返的奇妙旅行中，盡情享受優質生活帶給我們的身心愉悅，輕鬆甩掉壓力的困擾。

「優活」需要調動我們全身的每個細胞，喚醒我們身體的每一吋皮膚，這不是一件關於做不做的問題，而是一件關於如何做的問題。

成為「壓力絕緣體」，現在就啟動「優活」。Right now！Right here！

第八章 「眼」——我看

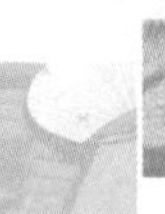
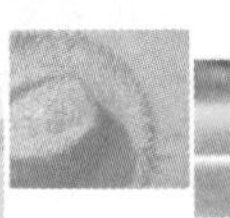

1、開卷永遠有益

古云：「書中自有顏如玉，書中自有黃金屋」，然而，書籍帶給我們的又何止這些？

書籍給我們帶來閱讀的快樂，是「優活」不可或缺的一部分，它不僅拓展著我們生命的寬度，更延伸了生命的縱度，生命因此而厚重。

閱讀是一座橋樑，貫通古今，連結中西；閱讀是座歷史長廊，上下千年，中外文明，盡收眼底。閱讀是知識的累積，文化的儲蓄，更是我們內在修養的沉積。它更是讀者心靈深處幽幽的淺唱低吟，是可遇又可求的人生快樂，是不經意間頓悟人生大智慧的驚喜，有了閱讀，人生才不再寂寞與孤獨，有了閱讀，生活才更加有滋有味！當閱讀成為一份心靈雞湯滋補你那渴求充實的心田，你必定求知若渴，甘之如飴，它可以教會你淡泊名利，對人間百態處之泰然。在書的海洋界遨遊時，一切憂愁悲傷便付諸腦後，煙消雲散，它可以使一個人在潛移默化中逐漸變得心胸開闊，氣量豁達，不懼壓力。因此，閱讀不僅可以排解你心頭上的憂愁，更能驅散你身上沉甸甸的包袱，是你減壓陣營裡的「前鋒」！

開券有益，開卷，永遠有益！

減壓，閱讀是王道

當你越來越迷失在緊張的生活和週而復始的工作壓力中，尋求減壓的途徑就是你該時刻關注的話題。其實，在眾多減壓的休閒方式中，心理學家認為，閱讀首當其衝，它會使你的思緒集中在文字上，緊張的身體和大腦得以得到充分放鬆。大腦時刻忍受著各種資訊狂轟亂炸的現代人，應當選擇閱讀來釋放壓力，讓身心得到完全的放鬆。在所有放鬆活動中，閱讀舒緩心情、減壓的效果最佳。

根據英國「銀河巧克力讀書俱樂部」委託薩塞克斯大學的「心智實驗室」國際諮詢公司進行的一項研究，受調查對象先透過測試提高壓力水準和心率，隨後參與各種活動紓解壓力。這項旨在推廣「不可抗拒的閱讀」活動的調查結果顯示，人在閱讀時放鬆

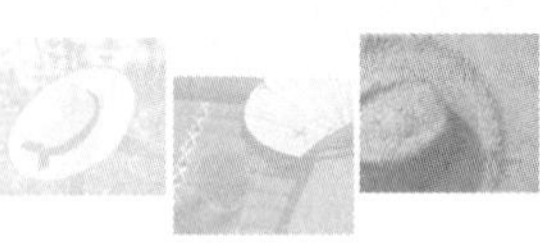
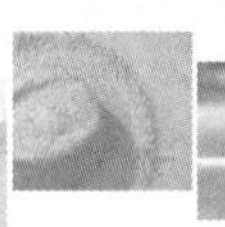

的效果最佳，六分鐘內就能夠降低壓力水準68%，而其餘行之有效的減壓活動均排列其後，如聽音樂能夠降低61%的壓力，喝茶或咖啡降低54%，而散步則降低42%。認知神經學家大衛．路易士說：「書上的文字能夠激發人們的創造力，進而帶人們進入另一種狀態。」心理學家普遍認為，閱讀時人們的思緒會集中在文字之上，進入文學打造的另一個世界，緊張的身體和大腦可以因此得到充分放鬆，壓力也隨之驅散。

在此後於英國進行的另一項類似調查中也發現，閱讀有益身體健康。英國國家精神健康中心主任路易士．阿普爾比說：「當人們聽到閱讀『有好處』時，也許認為這是因為它能夠增長知識。但是輕鬆的閱讀同樣能夠使人精神煥發，幫人逃離每天的壓力，放緩大腦工作節奏。」該項調查顯示，在四千多名受訪者中，63%的人表示讀書是為了放鬆身心，50%的人享受閱讀過程中逃離現實的感覺，只有29%的人是為了增長知識而讀書。另一方面，82%的人認為閱讀能讓他們心情放鬆，超過33%的人說睡前閱讀有助睡眠。調查也顯示，人們喜愛的閱讀形式多種多樣。超過半數的受訪者選擇書籍做為他們最喜愛的讀物，另外超過三分之一的人喜歡看報紙和雜誌，9%的人偏愛線上閱讀，4%的人選擇電子書。而在各種閱讀題材中，充滿懸疑、引人入勝的謀殺懸疑類讀本最受大家歡迎，其次則是愛情類讀本。

讀喜歡的書和需要的書

開卷的確有益，但是誰都不可能讀盡天下之書，而且有時傾注有限的精力卻讀了一些對自己無用甚至有害的書，既花時間又浪費精力，得不償失。因此閱讀的選擇是輕鬆閱讀的第一步，俄國文學評論家別林斯基說過：「閱讀一本不適合自己閱讀的書，比不閱讀還壞。」為了使閱讀充實我們有限的生命，使自己在閱讀中提高生活品質，甩掉頭上的「緊箍咒」，如何選擇讀物至關重要。

不論你是求書若渴，還是偶爾興起，但凡想讀書者，第一反應可能就是逛一逛書店，身臨其間，面對如林的書架和羅列之上成堆成排、林林總總的新書，不免油然而生一種惶恐之感，深感讀書太少之餘，就是苦惱於如何選擇。讀書的初衷不是裝飾自己、博得什麼虛名，而是要在閱讀中汲取有價值的東西，用其豐富人生、陶冶情操、增長見識。

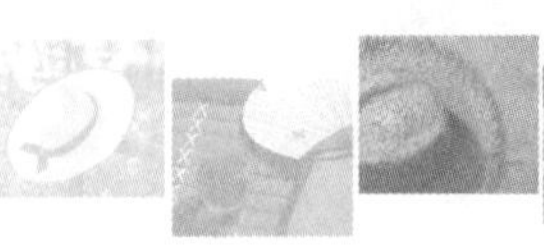
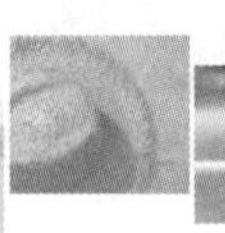

可是如今市面上的讀物普遍良莠不齊，魚龍混雜，各種「暢銷書」層出不窮，人們往往跟著排行榜窮追不捨，看別人愛看的，卻忽視了書籍的品質，似乎以為自己閱書無數了，實則自己離閱讀的本質越來越遠。讀書的大忌，就是不管什麼書都收入囊中，在大量無選擇性的閱讀之後，甚至會變得愚不可及，該放棄的就要放棄，該遺忘的就要遺忘。

要提高閱讀水準，從書中獲得輕鬆生活的祕笈，可以先根據自身壓力的來源選擇一些有針對性的書籍，以解燃眉之急，例如理財、養生、育兒、職場應對等，其次可以根據自己的愛好，選擇文體，溫婉清新的散文、引人入勝的小說、古香古韻的詩詞……適應不同的心境，帶來不同調解壓力的方式，除了自己選擇書籍外，時常聽別人介紹或者各種管道帶來的新書推薦途徑也是一個不錯的選擇，還有就是經常留心各種媒體上關於讀書的資訊，多選擇一些品質高、口碑好的書籍，也是一條選擇重要途徑。只要用心選擇，終會有所收穫的。

眾多新興的閱讀方式

古時有人「頭懸樑，錐刺股」，有人秉燭夜讀，有人映雪囊螢，還有人負薪掛角，為了讀書可謂花樣百出，層出不窮。現今隨著科技日新月異的發展，越來越多新興的讀書方式充實著我們的生活，當壓力襲來，我們可以選擇最快、最便捷的閱讀方式排遣。

首先還是傳統閱讀，這種亙古未變的閱讀方式是你與書籍親密接觸的最好途徑。你可以安安靜靜地坐在戶外陽光下享受閱讀時光，還可以逢閒暇之時到圖書館熟讀古今，又或者在舒適的咖啡館裡找一方僻靜的角落，一邊品著咖啡的香氣一邊暢遊書中的世界。

其次，網路時代的到來，將越來越多的人帶入「網路閱讀」的陣營。只要有電腦和網路的結合，如今只需簡單搜索一下你想要尋找的讀物，電子版圖書就會立刻滿足你的閱讀需求。如此這般，你可以一年四季坐在空調房裡，不用再為讀書而揮汗如雨，對於年長者來說現在的電子版書籍可以輕鬆地把字型大小調大，看得真真切切，不用再像傳統閱讀時還需藉助眼鏡，然而它的不方便之處體現在只能端坐在電腦螢幕前閱讀，不能隨意窩在沙發上或者躺在床上都能在精神的世界裡大快朵頤。不過現今社會，隨著網路

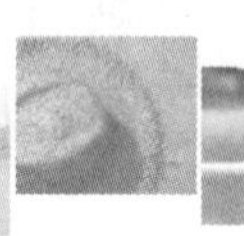

的廣泛普及，「網路閱讀」正以它覆蓋面廣、更新速度快、信息量大的快捷優勢向傳統閱讀發起挑戰。

再次，「微閱讀」日益流行。所謂「微閱讀」，就是藉助手機為載體的閱讀方式，在幾乎人手一機的今天，透過手機下載文章、手機訂閱服務等方式逐漸滲透人們的生活，這是人類在面對資訊爆炸時期的自然選擇，它不可替代的優點顯而易見，就是隨時隨地，想讀就讀。

另外，「聽書」開始嶄露頭角。如今人們在充分享受各種閱讀方式的同時，一種全新的閱讀方式正在悄然蔓延──「聽書」，就是指人們利用MP3等電子工具從網路上下載各種電子圖書來「聽讀」的方式。這是一種多元化和速食化的閱讀新方式，被越來越多的年輕人接受並享用。

世界各地的閱讀小趣聞

書籍是世界人民的好朋友，閱讀不分國籍，不分人種，看看外國人怎樣愛讀書吧！

在以色列，把讀書放在首位，平均擁有的圖書館和出版社的數量居世界各國之首，隨處可見能看見佈置考究的圖書館裡人來人往，川流不息，座無虛席。在冰島，人們往往以閱讀消磨時光，每年的十二月，在這個島國裡都會出現購買書籍的高潮。書店裡摩肩接踵，盛況空前，可完成全年圖書銷售量的80%左右。在法國，許多人都有讀書的好習慣，每人每年平均讀書量為十一本，並且以女性居多。在日本，據統計一個月中，讀十多本書的人佔3%，讀三本的佔11%，讀兩本的佔16%，一本沒有讀的人佔37%，有近六成的讀書風氣。

閱讀，是人類獲得豐富內心的途徑，是社會持續發展的推動力，是我們優質生活的保障，是我們減壓陣營的「先鋒」。

開卷自古有益，開卷永遠有益！

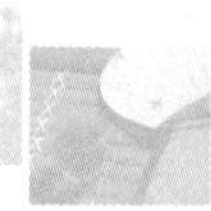

2、「窗」外的風景

都說眼睛是心靈的窗戶，是靈魂的視窗。透過這扇「窗」，我們感知世界，我們享受人生，我們看盡人間冷暖，我們體會生活的酸甜苦辣。

「窗」外的風景很精彩，「窗」外的風景也很無奈，這扇「窗」是我們快樂生活的入口，也是我們驅散壓力的起點，面對壓力，我們不僅要看，更要會看！

透過會看的眼睛，這邊風景獨好！

「看」走壓力

既然要看走壓力，我們的眼睛要看向哪裡呢？什麼風景才能為我們添上一絲笑容，抹去萬縷憂愁呢？

看！電影！

電影是一門用光影記錄人生表現生活的藝術，是影像形式的高級藝術品，它刻畫著不同的人物，表現世間百態，帶人們走進一個個或許似曾相識或許光怪陸離的世界。自一八九五年十二月二十八日，盧米埃正式公映自己製作的世界最早的影片獲得成功至今，隨著社會的變遷，電影已經跨過了它一個多世紀的發展歷史，並且正加深著對人們生活的影響，以它便捷的表現形式和深刻的內涵，成為人們忙碌生活裡趕走心頭陰霾的靈丹妙藥。

現代社會的飛速變遷，使許多人背上了各種沉重的壓力，同時不同程度地患上各種心理疾病，白領階層時尚的減壓方式是去看心理醫生。可是不久前，在英國的許多心理診所中，正流行著一種用看電影為人們治療心理疾病、減輕壓力的方法。

這種減壓方法的發明人是英國著名心理醫生貝爾尼．弗德爾，做為從小就是電影迷的弗德爾，喜歡看各種藝術片電影，直到十五年前他才將自己多年的愛好運用到自己的專業領域裡。他說，當時他偶然看到一部藝術片，片中主角的遭遇深深觸動了他，非常像自己正在治療的一位被丈夫拋棄的女患者的遭遇，於是他頓生靈感，隨即把這部影片

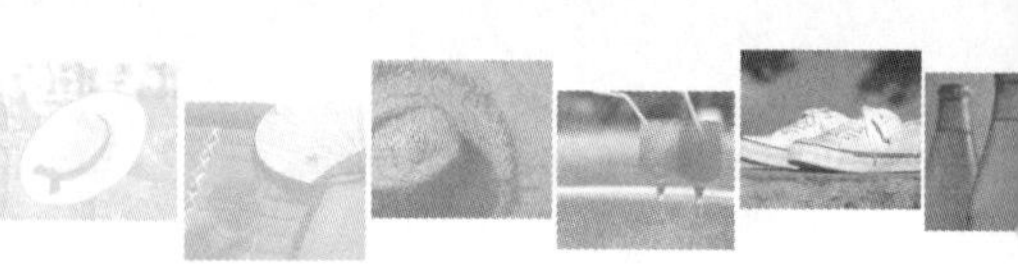

推薦給那位女患者，結果竟然出乎意料地「對症下藥」，女患者在受到電影啟發後逐漸擺脫了心理障礙，重獲新生。在英國金像獎（BAFTA）的頒獎典禮上，英國製片人普特南勳爵獲得了個人最高榮譽「學院獎成就獎」，他在獲獎感言中就提到了電影減壓療法的作用，正是電影《靈異第六感》中的一個場景，幫助他挺過了失去父親後的痛苦。

在尋常人看來，尤其對於電影愛好者來說，沉醉光影世界的確能被劇情吸引，投入其中，可以忘記原來的自己，看完之後自己也就輕鬆很多，透過片中主角的經歷還會使自己看開一些原本困擾的問題，明白眼前的壓力無非是一些很小的事情，只是自己不斷強化壓力的影響，把事情想成這樣或那樣，電影阻斷了壓力的不斷擴展，避免了嚴重的心理問題，所以她的減壓效力顯而易見。

在專業科學的心理治療領域中，當「電影療法」達到最高層次時，醫生會鼓勵患者談論他們對於影片的觀後感，可從影片的某個橋段、某段配樂、某句台詞，或者主角的遭遇裡獲得靈感，尤其當自己與片中人物境況相似時，更易得到共鳴，抒發他們的感受，還能幫助患者擺脫感情困擾。

看！藝術！

藝術是精神層面最有效的減壓劑，在我們的身邊，只要你留意，就能發現各種形形色色、品味非凡的相關的藝術展覽。以畫展這種最常見的藝術展覽舉例，也許在你不經意經過的小角落裡，就正在無聲無息地傳遞著藝術打動靈魂的力量，只需你輕輕轉身，推開一層並不厚重的門，就可以與藝術零距離解除，讓壓力煙消雲散。

從科學的角度說，英國的一項最新研究顯示，在畫廊中欣賞藝術品可以有效幫助人們減輕工作壓力和生活壓力。科學家對二十八名生存壓力較大的城市打拼族進行了有關「減壓」的相關試驗與研究。結果顯示，當這些背負壓力者漫步於倫敦市政廳藝廊短短四十分鐘之後，他們從自身感覺壓力減輕了不少，經過進一步對於他們身體變化的觀察，研究人員發現，與參觀前相比，參觀後這些人的唾液樣本中包含的體現壓力感的皮質醇壓力荷爾蒙減少了32％，而在通常狀況之下，若想使皮質醇濃度降至如此程度，則需要大概五個小時的時間。

現在各行各業的人們都背負著擺脫不掉的壓力，上至精英名流，下至普通白領，甚至未出校門的莘莘學子，都是各有各的苦衷。因此，藝術展已經成為不同人群放鬆休

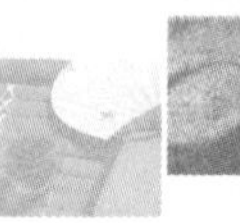
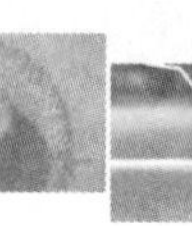

閒的首選。撥開城市的繁華喧囂，在藝術的世界裡撫平浮躁，排遣壓力，欣賞知名藝術家的作品，品味藝術品傳達的深刻內涵，彷彿被帶到另一個世界，有藝術左右，與自己對話，壓力在如此的境地中也無處容身，既陶冶了情操，又收穫了快樂心情，何樂而不為，我們所需的只是「打開」眼睛！

看！演唱會！

在精神生活越來越豐富多彩的今天，應接不暇的各種表演使我們便捷地享用著視覺的饕餮盛宴，包括戲劇、音樂會、舞蹈等表演形式，滿足著不同身分、不同年齡人們的不同尋求，也是使壓力遠離的不二選擇，而其中最受年輕人追捧的便是令他們熱血澎湃、幾近瘋狂的演唱會！

演唱會的風靡究其原因還是年輕人對偶像的崇拜之情，也就是人們常說的「追星」。「追星族」的主力一般是青少年，他們在平時的生活中被學業壓力所擾，因年輕也比較喜歡新鮮事物，當某個明星身上有令他們欣賞的部分，就會瞬間投入極大的熱情，關注他們的影視作品、唱片、廣告。與其說這是一種崇拜，不如說是青少年自身壓力的轉移，「追星」本身為他們帶來的滿足感，可以為繁重的學業增添一些喘息的空間。然而，日常生活中對偶像的追隨畢竟是遠遠的隔空相望，如果能真真切切體驗與偶像的互動，現場一睹他們的魅力，怎能不讓這些正值青春年少的孩子為之瘋狂？當他們在演唱會上親身體驗偶像的現場光芒，配合炫目的舞台效果，以及身邊無數和自己一樣投入的歌迷，此情此景，此時此刻，所有的壓力與煩惱瞬間煙消雲散，當時揮舞的手臂和盡情的尖叫是他們最好的減壓藥。

除此之外，前面提到的戲劇、音樂會、舞蹈等表演形式，也能讓人們在身臨其境時化解壓力，產生事半功倍的效果！

「睡」走壓力

壓力不僅能在打開「窗」時消散，還可以在關閉「窗」時溜走。經科學研究證實，壓力往往侵襲那些精力薄弱之人，有了旺盛的精力，才能抵制住壓力的侵襲，因此睡眠成為拒絕壓力的一個重要保證。

當外界雜訊讓你難以入眠之時，可以人為地製造一些自己忍受範圍內的「雜訊」來

分散注意力，比如讓電視機一直小聲地開著，「代替」討厭的雜訊。睡前也可以適當進食，比如適量的小點心，例如香蕉、熱牛奶等，不致發胖卻可以保證你在深夜不會因饑餓驚醒的食物，都可以助眠。

如果躺在床上還在考慮事情，擔心一時的靈感瞬間即逝，不妨在床邊備好筆記本或錄音筆，以便隨時記錄。如果一直忙碌造成睡眠不足，可以利用其餘閒暇時間補個小眠，效果往往出乎意料。

第九章

「耳」——我聽

1、音樂的神奇力量

聽覺，是我們感受世界的重要感官之一，聆聽，是上帝賜予人類的完美禮物。世界在聆聽中變得可愛與立體，沒有它的陪伴世界不僅是無聲的，更是無趣的。而音樂是聽覺最好的夥伴，他們結伴而行，躍動中妝點我們的生活。

動人心弦的音樂，可以使靈魂沉浸祥和與寧靜，有時勝過一切語言的表達，它引領我們找到內心的寧靜，為生命帶來慰藉和力量。音樂屬於有著敏感靈魂的人，用心聆聽音樂中潛藏的真諦，我們感動於人生的深邃與凝重，沉醉後平添一份從容。在音樂中暢遊，體味滲透心靈的共鳴。

音樂，有時候可以把人帶入到某種情境裡，陶醉其中，渾然忘我。它勾起了人心底隱藏的情感，觸動人心中最柔軟的一吋，和我們的精神世界有著密不可分的關係，所以當你感到疲憊不堪或壓力纏身時，走入音樂的世界，細細品味，放鬆我們每一根緊繃的神經，往往有意想不到的收穫，音樂的神奇力量可見一斑……

壓力，音樂面前煙消雲散

社會的進步、經濟的發展，帶來了日常工作的快節奏、現代生活的重擔和諸多情感困擾，也帶給我們日益不堪負擔的壓力。壓力在醫學領域被視為一種心理疾病，長期承受巨大壓力會讓人精神萎靡、身心疲憊，影響人們的生理和心理的正常平衡狀態，心理和生理上的失衡直接導致我們的健康受到威脅。

音樂是人類最偉大的創作，其衍生的音樂治療已經成為一種專業的心理治療手段，對於紓解壓力有著特殊的功效。我們生活在一個充滿聲音的世界裡，音樂是最動人、最神奇的聲音，在不同的喜怒哀樂的心境下，選擇不同的音樂，在音樂的陪伴下重獲平靜，這也是產生音樂減壓的根源。如今在醫療方面，也有十分有效的音樂療法來對人們各種心理壓力的治療手段，而做為一種造福人類的科學，真正地把音樂減壓應用於工作和生活卻經過了十分漫長的過程。

在希臘時代，人們認為音樂療法是「把靈魂做為媒介來給予肉體以影響的一種心理療法」。進入文藝復興時期，音樂療法更加細化，開始在關於不同音色、節奏、音程使人產生緊張或鬆弛，以及由演奏樂器、演奏者的不同所引起的差別等方面，進行分析和

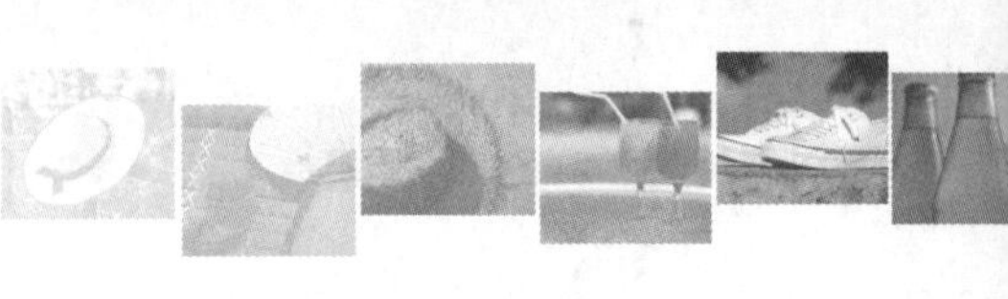

廣泛應用。其後，隨著醫學的不斷進步，歐美在音樂療法用於減除壓力的研究和治療的應用方面更加普及。直至十八世紀，音樂療法的適用範圍和注意事項被基本確立。從科學角度解釋音樂的減壓原理，人體皮膚表面的細胞都在進行微小的振動，周身所有細胞都在大腦皮層的統一指揮下按一定節奏做著微振運動，當帶有一定節奏的音樂作用於人體，且這些節奏與人體細胞的微振節奏合拍時，兩者發生共振，體內的微振隨之加強，人體便產生快感進而忘卻煩惱。當人體機能失調，則可利用音樂這一媒介使體內微振恢復正常狀態，以達到減壓目的。

除了專業的音樂療法，人們在日常生活中也時常透過音樂來調節情緒。若使一個精神處於亢奮狀態的人趨於平靜，讓其聽緩和、平靜的音樂並不是明智之舉，這樣帶有強制性，相反會使人心煩意亂，產生厭惡感。應當給其活潑、奮進的音樂，人為增強他興奮的微振，當興奮累積到一定程度便會出現抑制現象，人就會感到疲勞，會自然地嚮往鎮靜的音樂，此刻再適時給予其舒緩的音樂，便能達到使其平靜下來的目的。選擇音樂時，可以考慮古典音樂、民族音樂、流行音樂、歐美現代音樂等眾多形式。此外，音樂還具有開發智力的作用，例如心理學上的莫札特效應，顯示出了音樂對於提高人的智力的奇特功能。

「聽」出的優質生活

日常生活中，我們都可以隨時用音樂來為自己減壓，這樣的方式最大的優點就是可以隨時隨地，伴隨你生活中的各個片段。生活如期上演，有了音樂的陪伴更加高質與新鮮。

清晨起床

你可以用音樂來喚醒沉睡中的自己，這是愉快一天的完美開始，在清晨聽一些古典輕音樂不僅有助於調節心情，也可以使人的頭腦更加清醒。打造精神百倍的自己，來迎接繁忙的一天。

上班途中

在驅車前往公司的路上，可以在汽車裡播放自己很喜歡的CD，音樂可以紓解工作前

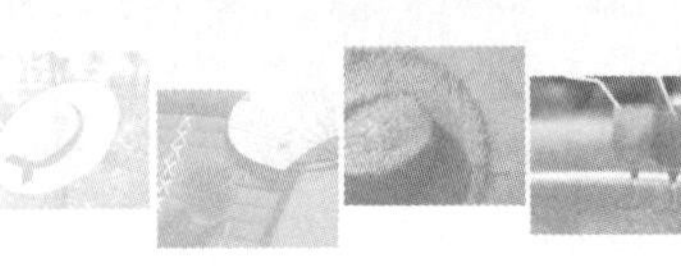

煩躁、不安的情緒，特別在遭遇交通堵塞的時候。下班急切歸家，又無奈於眼前一望無際的車龍，別嘆氣，你可以搖上車窗，打開CD，在汽車裡享受一段屬於自己的悠閒時光，此刻的音樂可以很好地轉移你的注意力，使你在你回家之前重新拾回快樂的好心情。

享受烹飪

美味的食物不僅可以使我們大快朵頤，增加營養，烹飪的過程同樣也樂趣橫生，是一種極妙的甩掉壓力的好方法。可是如果你是朝九晚五的上班族，一天的忙碌後拖著疲憊的身體回到家，難免會有心無力於自己煮飯，興趣索然。其實，你可以在一週的生活中安排較清閒的幾日，享受烹飪的愉悅，在烹飪時播放類似爵士音樂等比較輕鬆的音樂，那麼此時的烹飪絕不再是一項令人煩惱的家務雜事，你會慢慢發現自己在廚房裡找到一種完全放鬆的感覺，為就餐時的好心情做好鋪墊，你的晚餐將無比的輕鬆自在。

美味時光

就餐時，音樂同樣可以是一個利於消化的好幫手。柔和的音樂足以安撫你的神經，讓你進入放鬆的狀態，而沉浸口腹之快時聆聽古典音樂，還能夠幫你控制食量，讓你比平時吃得慢一些、少一些，更有利於消化，就餐時的心情也會變得異常愉快。倘若在就餐時伴隨激烈的搖滾樂，你會相對吃的較快、較多。據此，我們大可在制訂自己的每份食譜時附帶一份音樂功能表，可以幫助我們更好、更健康地享受美味時光。

家居清潔

對於終日奔波的上班族來說，工作之餘保持家居的整潔，對於日常生活的減壓來說也是至關重要的，可是事與願違，忙碌中往往顧及不上，於是他們通常會利用週末給自己的家來個大掃除，可是如何打發這些瑣碎勞累的家務始終令人備感頭痛。如果在打掃時能夠為自己播放一些充滿活力的音樂，例如Hip-Hop、POP等動感之音，完全可以提高你的體能與精神狀況，讓你的家事變得更加有趣，效率也會大大提高，同時原本枯燥的清潔工作也不再只是件粗重單調的工作了，不經意間你會開始期待著下個週末的家居音樂時間！

睡意朦朧

充足且高品質的睡眠對我們的身體健康意義非凡，可以紓解我們生活中的很多壓力，可是令人遺憾的是，許多人都被不同程度的睡眠問題困擾著，躺在床上睡意朦朧卻輾轉反側，失眠、淺眠等讓漫漫長夜變得如此難熬，更給了壓力可乘之機。不必因此鬱鬱寡歡，如果你逐漸讓自己建立起一個睡前伴隨音樂入眠的好習慣，各種睡眠問題將迎刃而解。值得一提的是，巴哈的作品就是很好的治療睡眠問題的音樂，它可以幫你安神、淨腦，舒緩你的呼吸，例如大提琴演奏的「哥德堡變奏曲」就是一劑值得推薦的良方。

2、豎起耳朵，打開心靈

耳朵為我們打開與世界溝通的一道便捷的門，那就是傾聽。

正如鳥兒用啼叫歌唱生活，魚兒用擺尾傳遞快樂，我們用彼此的傾聽交流內心，溝通情感，傾聽是一種交流，是一種親和的態度，是我們瞭解彼此心中喜怒哀樂，體味人生悲歡離合的途徑。

人生在世，不如意時常在，當我們遭遇逆境，當我們深陷壓力，傾聽是最好的解壓方式。傾聽是一抹清風，能吹散籠罩在人們心頭的陰霾，傾聽是漫漫長夜的流星，給人們帶來希望；傾聽是一朵不凋謝的花，在芬芳中綻放希望，給人力量。

掌握傾聽的藝術，豎起耳朵，打開心靈，和壓力回首告別。

壓力在傾聽中無處藏身

有一位知名的心理學家曾經講過這樣一個故事：一天，她為朋友的孩子做心理輔

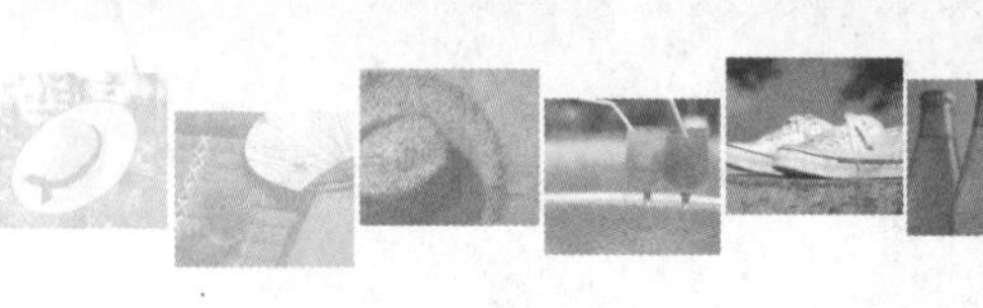

導，在朋友口中她是一個「極其叛逆，脾氣暴躁」的孩子，當他到來後，東拉西扯地聊著網路、生活中的瑣事，在整個過程中，心理學家只是簡單地「嗯」、「是嗎」做著回應，用點頭等簡單的肢體動作表達著贊同或理解，經過後來幾次這樣的「簡單」諮詢後，這個孩子逐漸變得耐心與懂事，學習成績也提高了。

這個孩子的微妙轉變並沒有大費周折，而只是運用了簡單而有效的傾聽，這是傾聽的技巧在心理學方面發揮強大作用的案例之一。「馬斯洛需要層次理論」表示，每個人都有愛和歸屬的需要，我們在得到愛的同時也要善於給予愛，生活在世界上，我們必定要歸屬於某個群體，並與群體中的其他人一起分享快樂和幸福，一起承擔痛苦和憂傷，這種愛和歸屬的需要就是透過溝通滿足的。

有人「說」，就要有人傾聽，接收他的想法，並且互動。然而，我們也許可以聽到花開的聲音，卻感覺不到春天；可以聽到兒童的笑聲，卻感受不到純真；可以聽到旁人的哭泣，卻體察不到他的悲苦；可以聽到內心的呼喚，卻不知怎樣關愛失意的靈魂。這是因為我們沒有掌握溝通的藝術。

有些人孤僻成性，很少有人願意與他說話，做他的傾聽者，進而導致他的壓力沒有管道釋放，心理負擔越積越重，壓力過大時極易產生心理健康問題。特別在職場競爭巨大的今天。很多職場人經常感覺莫名的心理疲倦，卻不知如何下手解決，此時如果找到一個合適傾訴的對象，並能夠做一個有效的傾聽者，至關重要卻談何容易。傾聽是幫助我們放鬆情緒、減少壓力的一道錦囊妙計，即使你不曾開口，有時只需幾個肯定和讚許的眼神，對他人來說，也是莫大的支持與幫助。

傾聽是釋放壓力的通道，我們的傾聽可以使他人獲得的安慰和鼓勵足以擊敗內心的自卑和怯懦，不僅從相似的經歷中獲得某種認同感，而且還在安慰別人的同時，給了自己勇氣和希望。同時，傾聽可以讓我們走入他人的世界，感受他人的領悟，這個過程不僅讓我們更加深刻地感悟人間冷暖，體會自己不曾體會到的人生，還能在別人的經歷中獲得啟發，收穫面對生活的釋然與智慧，於是我們在傾聽的同時也慢慢消化著自己的煩惱與壓力，為他人減壓的同時也為自己減壓。當我們學會每天做一個善意的傾聽者，就意味著我們有了寬容的心態，這也是甩掉壓力、獲得身心健康的途徑之一。壓力，在傾聽中無處藏身。

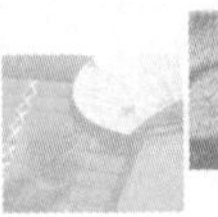

掌握傾聽的藝術

溝通是雙向的，我們不能只是一味地向別人灌輸自己的思想，更應該學會積極的傾聽。傾聽的能力是一種藝術，也是一種技巧，傾聽需要專心，每個人都可以透過耐心和練習來發展這項能力，可以說，傾聽比傾訴更能考驗一個人的智慧。傾聽是瞭解別人的重要途徑，為了做一個良好的傾聽者，我們要學會傾聽的藝術。

做一個真誠的傾聽者

傾聽別人的談話，總是會消耗自己的時間和精力的，如果你是在當下因為種種原因不能很好地傾聽，那麼你一定要客氣地說出來，並且告訴對方有合適的時間一定耐心傾聽，這可以表示你的真誠。如果你勉強而為的去傾聽或者裝著去聽，過程中必然會表現出來思想不集中的跡象，傾訴者會因此覺得你不夠真誠。既然傾聽就要真心真意地用心去聽，對我們自己和對他人都很有好處，安排好自己的時間去做他人的傾聽者是一件很值得的事情。

決定傾聽，就請耐心

這一方面，他人的談話在通常情況下都是與心情或者情緒有關的事情，因此講述的內容不免比較零散或混亂，觀點不是那麼突出或邏輯性不太強，此刻應當耐心地鼓勵對方把話說完，在聽了全部的傾訴內容後，就不難聽懂對方想要表達的意思了，切忌在別人講述的過程中自以為是地去理解和發表意見，容易產生更加不好的效果。另一方面，別人對事物的觀點和看法有可能是有悖於你的觀點的，甚至是你無法接受的，或者不同程度上傷害了你的一些感情，你可以不贊同，但一定要耐心把話聽完，試著主動去理解別人的心情和處境，才能達到傾聽的目的。

摒棄傾聽時的不良習慣

有的傾聽者，面對他人的傾訴也許會神遊，也許會隨意打斷別人的談話，也許藉機把談話的主題轉移到自己的事情上，也許一心二用、專心不夠，也許任意地加入自己的觀點做出評論和表態……這些做法都是很不尊重對方的表現，讓對方懷疑你的修養的同時，這樣的談話結果甚至比你拒絕傾聽所產生的效果更加惡劣，一定要摒棄傾聽時的不良習慣。

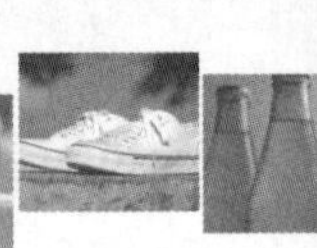

不時表示理解並且給予鼓勵

談話者在傾訴的同時，往往都是帶著希望自己的經歷得到對方的理解和支援的心理的，因此你適時的回應對於他們至關重要，並且能使傾聽更加有效，在你們的談話中加入一些簡短的回饋，比如「對的」、「是這樣」、「你說得對」等語言，甚至無需開口，只是點頭、微笑等肢體語言，都能向對方傳遞你的理解，鼓勵談話者繼續說下去，引起共鳴。整個過程中，應當要面向談話者，時刻用眼睛與談話人的眼睛接觸以示溝通，或者回應手勢來理解談話者的身體語言。

適時給出反饋

一個有效的傾聽過程中至關重要、必不可少的一步，是在傾聽告一段落，或者傾聽結束後，向傾訴者說出自己的看法，安慰、鼓勵或者出謀劃策等，為傾聽做出結論或者回饋。準確、即時的回饋會激勵談話人繼續進行或者引領他走出困境，對其有極大的鼓舞作用。當然還要注意前面提到的事項，如果因為沒有聽懂或並未真正理解，應當真誠地詢問對方「你剛才的意思是……」，以便做出合理的回饋。因為不準確的回饋不利於傾聽的效果，所以要注意把握好。

傾聽也有肢體語言

如果傾聽者的身體微微前傾，則表示他對談話很感興趣並且願意進一步深入；要時刻注意所答即所問，這可以表示你在與對方認真地交流，避免應為一時走神答非所問的尷尬；傾聽的過程中，適時地表述自己的見解，如此可以保持給予和吸收兩個方面的平衡；不時以頭部動作或豐富的面部表情回應說話者，即使你並未出聲，在創造良好的傾聽環境時還能為雙方放鬆。

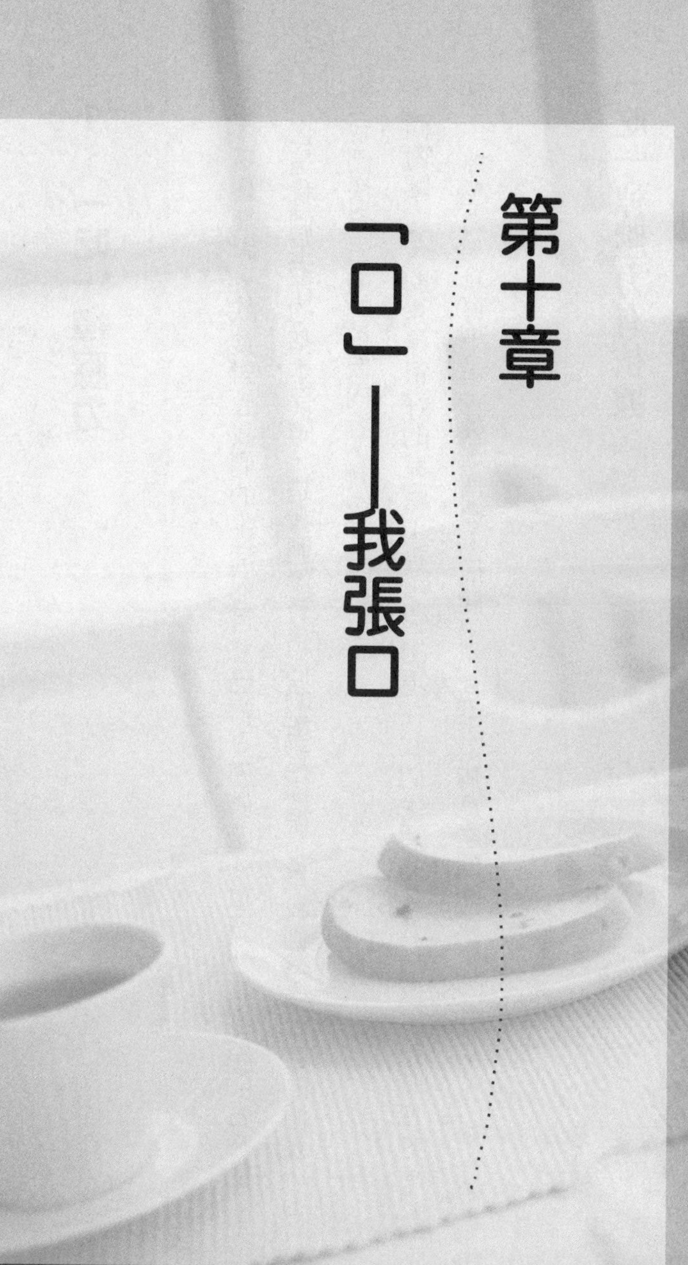

第十章

「口」——我張口

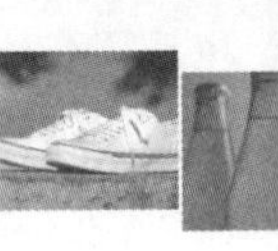

1、「吃」掉壓力

民以食為天，飲食對於我們的生活而言，已經不僅僅是「重要」二字所能言喻的了。它是我們生存的基本保障，是我們優質生活的衡量標準，是我們享受健康的源泉，也是我們快樂生活的重要內容。

面對壓力，飲食是很好的減壓工具，它出現在我們生活的各個角落，每時每刻。「吃」掉壓力，真可謂是一種最便捷、最簡單，甚至是無意之間的減壓方式。

「吃」掉壓力有依據

我們都知道，飲食帶來的合理營養搭配可以促進人體的正常生理活動，改善一個人的健康狀況，提高免疫力，同時還能夠使人精力充沛，提高其工作效率，抵抗衰老、延年益壽等，飲食對我們的生命意義重大。

可是鮮為人知的是，飲食與心理健康、壓力釋放也關係緊密。大腦中負責我們行為

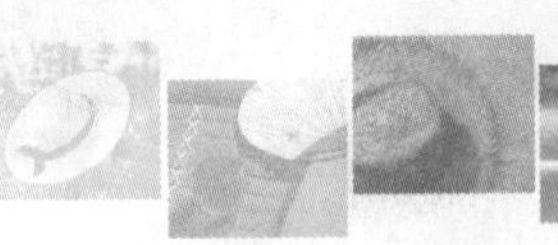
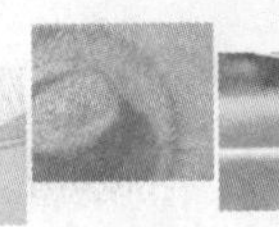

的食物，這種食物是你沒有體力時最充沛的能量工廠；多食富含抗氧化物質的食物，例如維生素C、維生素E和礦物質硒，這些抗氧化物質對於因壓力導致的細胞損傷，有神奇的修復作用。

膳食纖維是減壓祕辛

長期的壓力和疲勞會導致胃腸功能紊亂，也就是我們常說的「上火」，而出現便祕、消化不良或心血管疾病。食物中的膳食纖維能夠幫助消化，促進胃腸蠕動，減少胃腸疾病，是保護我們腸胃和心臟功能的小尖兵。補充膳食纖維最簡便的方法就是多吃粗食，多吃蔬菜、水果。粗糧所含的膳食纖維有很多是粗纖維，如玉米粉、蕎麥、豆粉等，在我們的日常食譜中，可以用全麥麵包代替精製白麵包，以五穀雜糧代替白米。蔬菜、水果中的膳食纖維以可溶性膳食纖維為主，例如我們最常見的蘋果，就含有豐富的果膠。這些都是增加膳食纖維的好辦法。

香蕉、優酪乳是穩定劑

人體內的礦物質，在新陳代謝中扮演著至關重要的生理作用。其中鈣是天然的神經系統穩定劑，含鈣量高的食物有優酪乳、牛奶、蛋黃、蝦皮、芝麻醬、綠葉蔬菜等。另外，鎂和鉀也是重要的神經傳導物質，它們具有放鬆肌肉、規律心跳的作用，食物中富含鎂和鉀的有香蕉、花生、杏仁、土豆、豆類、海鮮等。還有，大腦的能量來源是葡萄糖，血糖過低既影響工作效率，也影響情緒，而鋅是合成蛋白質和核酸的重要輔助因素及糖代謝中的重要輔酶，血糖平衡的維持少不了它，富含鋅的食物包括蛋類、瘦肉、海鮮、蝦皮等。

蔬果的神奇減壓效力

令人垂涎欲滴的新鮮蔬果，是為人體提供維他命的最佳管道，而維他命正是最好的減壓劑。維他命分為兩大類：脂溶性和水溶性，而維他命Ｃ群和Ｂ群這兩大類水溶性維他命，對紓解精神壓力、平穩情緒的作用最為顯著。

Ｂ群維他命是人體內神經系統、物質代謝過程中不可或缺的物質，它主要作用於調節內分泌，平衡情緒，鬆弛神經。我們日常飲食中含Ｂ群維他命較多的有胚芽米、糙米、全麥麵包、深色蔬菜、低脂牛奶、豆漿、蛋類、番茄等。

Ｃ群維他命也是人體代謝過程的有功之臣，它具有增強記憶力、平衡心理壓力的效

臨睡前在床上輾轉反側，遭遇失眠，推薦牛奶混合燕麥片加香蕉，睡前興奮令你體內的「睡眠激素」褪黑素大量缺乏，香蕉和燕麥片是為數不多的能提供褪黑素的食物。

形形色色的減壓食品

現在飲食減壓越來越成為一種風尚，形形色色的減壓食品相繼湧現，其中不乏一些創意之舉。

英國的「情緒食品」

據英國《獨立報》報導，因為工作緊張的白領們長期處於高壓之下，「情緒食品」在英國逐漸走俏，甚至大行其道，如今已經形成了一個十一億英鎊的大市場。「情緒食品」是指富含茶多酚、氨基丁酸和維生素B等能幫助情緒穩定的天然或人造食品，專家指出，其未來甚至可能成為英國出口的「拳頭品種」。

日本的「減壓牛奶」

日本的著名乳製品企業中澤乳業推出了新穎的「減壓牛奶」，每瓶九百毫升的鮮奶售價不菲，高達五千日元，比日本市場上的普通牛奶價格高出近三十倍。該公司宣稱此「減壓牛奶」絕對物有所值，它是該公司收集剛擠出來的新鮮牛奶後，於六個小時內裝瓶完成的，每週只取奶一次，是在黎明時分從牛身體擠出，原因是乳牛只會在晚上釋放出大量的減壓荷爾蒙「褪黑激素」，因此這些天價牛奶的「褪黑激素」含量，相當於普通牛奶的三至四倍，該公司鎖定的消費人群為「生活在充滿壓力社會的成年人」。

水是最常見的減壓聖品

每日八杯水，不僅對身體健康和美顏保健尤為重要，當受到壓力時，飲適量的水和進食少許東西，有助於人們迅速回復活力，特別對於習慣飲咖啡減壓提神的人們來說，咖啡利尿，喝了一杯咖啡後，請喝足「九杯水」，才是健康。

候滔滔不絕，有太多人在傾訴的欲望中沒有聽眾，還有一些是永遠無法傾訴的人。其實，在這個被鋼筋水泥混凝土構築的世界裡，在這顆孤獨地背負壓力又渴望被瞭解的心中，故作堅強掩飾脆弱的我們都是需要傾訴的。

經心理學家證實，傾訴確實是擺脫壓力的靈丹妙藥，當你將瑣碎的生活片段用語言串聯起來時，其實就是在梳理自己的內心世界，為心中積怨鑿出一條傾斜的出口，不安的情緒最終可以透過這種方式慢慢地恢復平靜。這就是傾訴的魔力，看似只有動動嘴的過程，卻效果神奇。

當你心懷猶豫，渴望傾訴並且找到合適的傾訴對象是十分幸運的。我們很容易將自己置於這個社會的背景之中，在相似的大環境內，透過與人傾訴獲得有意無意的比較，得到較為客觀的，至少是與自己判斷不同的自身狀況的回饋，維持或者穩定自我價值感。因為，透過傾訴，我們不僅可以看見他人眼中的自我，也可以認清內心深處的自我。

傾訴有時是一種心靈層面上的自我剝離，需要帶著很大的勇氣。在向他人傾訴的過程中，對方可能會看到你生活中並不完美的一面，也許是你一直試圖隱藏的失落時的沮

喪與頹廢，也許是你得志時的張揚與輕狂，也許會窺探出你心中不為人知的祕密，也許會發現你平日裡隱匿頗深的性格弱點，你的膽小懦弱、你的敏感脆弱、你的愚鈍無知、你的圓滑世故、你的貪婪虛榮，甚至你的蠻橫無理，凡此種種，都會在一次或者幾次徹底的傾訴中，暴露無遺。因此，勇於傾訴的人也要勇於接受他人對自己進行的負面評價，要能夠平衡由此產生的心理負擔。

女人篇

女人是天生的「傾訴動物」，骨子裡需要傾訴，渴望認同與共鳴，這應該歸功於女性那細膩敏感的天性和出色的語言表達能力。傾訴之於女人，幾乎等同是生命的需要。

生活中屢見不鮮的例子，當一個女人心理受傷時的第一個反應，就是找一雙可靠的耳朵為之傾訴，在傾訴中，女人會不自覺地將客觀現實抽象化，將感性的體驗語言化，女人對精神的交融寄予了更多的厚望和幻想，這些基本的性格特質都促成了女人傾訴欲望的滋長，因此，女人習慣更多地藉助語言，以一種舒緩的、長時間的和可重複性的方式，與同伴分享生活的全部。

沒錯，讓女人最放鬆、最舒適的減壓方式，既不是娛樂，也不是旅遊，而是向同性密友開懷傾訴。美國心理學家開瑞．米勒博士在一次調查報告中公布，87％的已婚女人和95％的單身女人認為，同性朋友之間的友誼是人生中最快樂、最滿足的部分，不可或缺，這種情感的聯繫也是最深刻的，為她們帶來一種無形卻無處不在的支持力，向同性朋友傾訴已經成為她們排解各種工作與生活壓力的首要選擇。

西方心理學家也指出，擁有穩固的同性朋友，是現代女性健康生活最重要的方式之一。同時，米勒博士鼓勵女性，把同性友誼列入到優先考慮的各項事情的首位。把一種親密的關係，做為一種預防性措施，一種對於自身免疫系統的支援，在為你精神減壓的同時，還能夠降低疾病對你的生理威脅，無論頭痛腦熱、心臟疾病，或者各種嚴重的身體功能性失調等，換而言之，一個人要保持身體健康，不僅需要加強運動及健康飲食，同時更需要加強對友誼的維護。由於女人和女人之間的溝通更開放、更自然，而且她們樂於給予對方同等的回饋，所以這種親密關係，更容易在女人和女人之間產生。

男人篇

相反地，男人幾乎天生與傾訴絕緣。因為背負過重社會責任的男性，往往更喜歡與人分享成就，卻因不願或者羞於傾訴，而可以躲避向他人訴說憂愁。有時，男人也會在

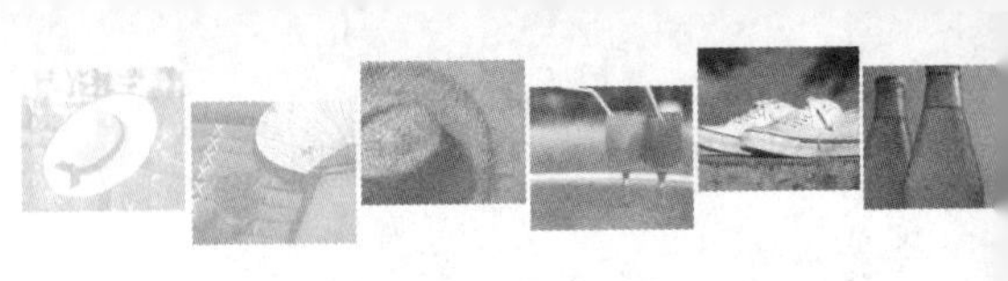

朋友面前流露出一絲憂鬱，但他也只是輕描淡寫地敘述一下梗概，繼而便在漸漸升起的煙霧和瀰漫的酒意中靜默下來，一點點積攢起新的力量。

男人們不是不需要關心，但是他們也怕自己的堅強和能力淹沒在過分的關心中，怕人們看扁了他，所以，他們寧願選擇激烈的、短暫的和沉默的方式處理情緒，或者蒙頭大睡，或者在健身房中對著冰冷冷的器械宣洩。他們可以藉助肢體上的派遣來淡化心中的煩悶，卻不願找一個能讓他放心傾訴的人。

心理學家研究認為，四十至六十五歲的男性，心血管疾病的罹患率較女性高出三倍，一方面除了與女性的荷爾蒙激素保護有關外，另一方面則與男性承受壓力較女性為高，平時又沒有好好地紓解出來有關。許多男人在奮鬥事業並且走向成功時，往往因為不懂得正確為自己減壓，反而對健康造成傷害。

例如，為了排解壓力，一些男性常會養成暴飲暴食、過量酗酒和抽菸等不良習慣，這些行為均對紓解壓力無助。一旦壓力到了極限，最終會積鬱成疾，不但影響身體健康，還會因不堪壓力的重負引起心理疾病。又有一些男人自恃身體強壯，有病不願就醫，忽略疾病引致更為嚴重的後果。

因此，男性要學會紓解痛苦，當覺得承受了太大的壓力時，應當主動找人傾訴，不要深藏心裡。即使遇到不易解決的難題或者不願向家人、配偶提及的事情，不妨主動尋求專業人士，如心理醫生的幫助，在傾訴的過程中得到壓力的釋放，既能有助於減輕挫折和壓力感，還能預防疾病，可謂一舉兩得。

特別的傾訴方式

除了傳統傾訴方式外，如今隨著社會的發展和進步，越來越多別出心裁的傾訴方式誕生了。

向動物傾訴減壓

據悉，俄羅斯的某個動物園開設了一個特殊的心理診所，令人瞠目結舌的是，坐診的「心理醫生」竟然是一隻獼猴。凡是前往該診所就診的病人，均可以無所顧忌地對著這位「醫生」吐露痛苦、動情哭泣甚至大喊大叫，要不就絮絮叨叨地傾訴自己的心聲。由於這隻獼猴見了任何人都做出十分同情而又認真聆聽的樣子，使得來診所的很多病人

感到舒心與放鬆。據稱，來診所的人普遍感到滿意，並且源源不斷的人來向獮猴傾訴。

白領網路「曬祕密」減壓

由於不堪忍受的工作壓力，許多都市白領開始利用網路這個平台，在各大論壇上將自己的生活公諸於眾，藉以發洩心中積壓已久的壓力，他們「曬日常生活」、「曬薪酬」、「曬股票」，近來，一個讓人說出心中祕密的網站日益受到白領的青睞，網站上「曬」的內容多是一些人們的「個人祕密」。由於網路言論缺乏有利的管理，這種方式可能涉及侵犯他人隱私等問題，因此還存在質疑。但是「曬」一族的出現，以及網路上越來越多的個人部落格，都在印證著網路已經逐漸成為人們傾訴和宣洩不滿情緒的一條新管道。

第十一章

「肢體」——Just Do It！

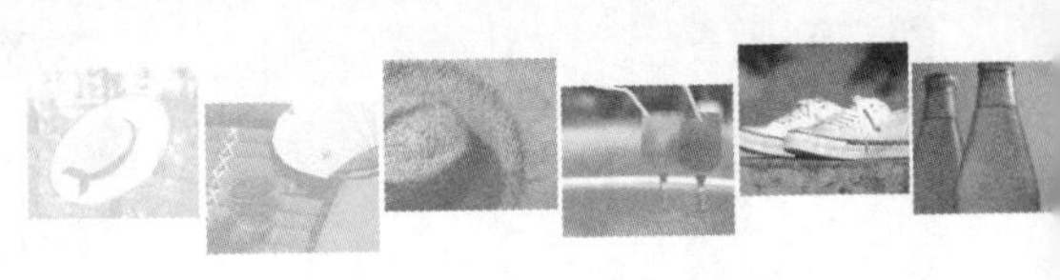

1、動起來

生命在於運動，運動早已成為人們健康生活的一部分，不僅能增強他們的身體素質，更能使他們在運動中得到身心的雙重放鬆，打造沒有壓力的人生。動起來，於身於心皆有益。

多運動，壓力少

這是一個無奈中高速發展的世界，壓力無孔不入、無處不在。工作和生活中的壓力早已把人置於緊密的包圍圈中。人們或者直接應對壓力，透過積極行動消除壓力源，或者採用間接應對的方式從壓力源的困擾中解脫出來，這種應對方式旨在舒緩壓力源所帶來的負面情緒。

運動便是一種間接應對壓力的方式，其減壓機制主要有兩個方面：第一，人在運動中聚精會神，有助於遠離壓力源的困擾，投入在運動中，需要高度集中注意力，這就有利於把我們從壓力源的思緒中解脫出來，暫時地擱在一旁，給心靈一個寧靜的舒壓港灣。第二，運動使人的身體處於一種緊張狀態，造成個體能量的大量消耗，這就使人體應付壓力源時的能量消耗，與人體在運動中的能量消耗，形成此消彼長的關係，當人體沒有更多能量來應對壓力源，就會為人的心理帶來輕鬆感。

另一方面，運動之所以能紓解壓力，讓人保持平和的心態，與腓肽效應有關。腓肽是身體的一種激素，被稱為「快樂因數」。當運動達到一定量時，身體產生的腓肽效應可以愉悅神經，進而把壓力和不愉快帶走。因此，適當的運動鍛鍊有利於消除疲勞，上班族們整天朝九晚五，長時間單調而枯燥的刺激，極易引起生理、心理疲勞，透過運動能起到改善、調節腦功能的重要作用。合理地進行運動，有助於充分發揮大腦潛能，動靜協調、張弛有度，才能有助於提高大腦皮層的分析綜合能力。

英國兩項最新研究關注運動與心理狀況改善之間的量化關係，研究顯示，每週僅僅維持二十分鐘的運動就能改善人的情緒，紓解心理壓力，有規律的有氧鍛鍊則能抵禦年齡增長帶來的消極影響，將衰老延緩十至十二年。可見運動的神奇功效。

通常來說，想透過運動紓解壓力，可以參加一些緩和的、運動量小的有氧運動，有

氧運動能使人全身得到放鬆，使心情平靜下來，包括跳繩、體操、游泳、散步、打乒乓球等，運動時間可掌握在每天半小時左右。

還有一種放鬆肌肉的方法，可以在睡前練習。在一間安靜、燈光柔和的房間裡躺下，掌心向上，兩腿伸直，腳尖向外。閉上眼睛，輕柔地按照自己的節奏呼吸。繃緊臉部肌肉約十秒鐘，放鬆；緩慢地向上抬頭，放下；提肩十秒鐘，放鬆；伸展手臂及手指，握拳十秒鐘，放鬆；提臀，然後緩緩地放下；腳後跟併攏，向外伸展腿和腳趾，然後完全放鬆。重複練習五次。

運動中的呼吸對於減壓來說也至關重要。當你在運動後進行最後放鬆時，深呼吸有助於你儘快將運動心率恢復到正常心率，緊張的時候做幾次深呼吸，也能起到放鬆心情的作用。進行深呼吸時請選擇一種舒適的姿勢，或站或坐，將雙手放在胸前，上身保持放鬆，吸氣的同時擴展胸部，稍停，緊閉雙唇，慢慢呼氣，重複幾次，就會感到緊張的情緒緩和了許多，心情也會隨之舒暢。

還有，切忌運動過量。如果帶著太大的壓力和不良情緒去運動，會導致在運動中的注意力不集中，思緒紛亂，容易影響運動的效果。有的人認為在做一些運動量大的、激烈的運動項目後出一身大汗，壓力和不良情緒就會全部釋放出來。其實效果恰恰相反，這種激烈且大運動量的運動，在造成身體疲勞的同時，還會加劇原來的緊張情緒，非但壓力排解不了，情緒也會更壞。為了達到放鬆身心的作用，可以選擇自己喜愛的、能產生愉悅感的運動。運動時間不要過長，避免過度疲勞或興奮。運動完畢後應當立即洗浴並防止感冒。

減壓運動新潮流

在潮流變化日新月異的今天，除一些傳統的有氧運動外，還逐漸出現了一些新興的減壓運動項目，例如攀岩、單車、跆拳道、劍道等，這些時尚運動不僅能夠滿足人們嘗試新鮮事物的好奇心，還能使人們在獲得好身體的同時體驗前所未有的運動感受，更達到了運動減壓的目的，因此越來越受到時尚人士的推崇。

以時下最流行的減壓Yaga舉例，面對快節奏的生活和在所難免的壓力，我們被困在疲勞、焦慮、不安、抑鬱等負面情緒的漩渦中，減壓Yaga運動可以給我們的身體充電，

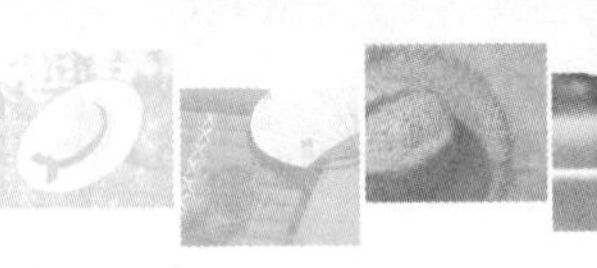

為我們的身心帶來平靜。瑜伽的力量很神奇，它可以放鬆人們緊張的神經，它在作用於人的身體的同時，更多的是使人獲得精神的益處。

運動減壓的奇思妙招

國際上有很多有關運動減壓的奇妙方法。

一、「出氣」減壓。在法國，運動消氣中心正走入人們的生活，中心均有專業教練指導，教人如何大喊大叫、扭毛巾、打枕頭、捶沙發等，做一種運動量頗大的「減壓消氣操」。在這些運動中心，上、下、左、右皆佈滿了海綿，任人隨意摸爬滾打。

二、「暴力」減壓。美國的一個專為男性白領排憂解難的服務網站開創了「暴力」減壓的先河，他們提倡「隨身帶個小皮球，鬱悶時偷偷捏一捏」，就是宣導人們隨身攜帶一個網球、小橡皮球或是別的什麼，遇到壓力過大需要宣洩的時候，就偷偷地擠一擠、捏一捏，壓力就這樣被「暴力」地釋放出去。

三、「嚼」起來。一種透過咀嚼零食達到紓解壓力的新方法，當食物與嘴部皮膚接觸時，能夠透過皮膚神經將感覺資訊傳遞到大腦中樞，進而產生一種慰藉，使人在與外界物體接觸時消除內心壓力，另外，當人們咀嚼和吞嚥的時候，可以轉移人對緊張和焦慮的注意，在大腦攝食中樞產生另外一個興奮區，進而使緊張興奮區得到抑制，以獲得身心的放鬆。

四、「聞」掉壓力。在日本的女孩子中，風行一種芳香療法，嗅聞香油。原來香油能透過嗅覺神經，刺激或平復人類大腦邊緣系統的神經細胞，對舒緩神經緊張，紓解心理壓力很有效果，許多人都為這些由芳草或其他植物提煉出的香油所陶醉。

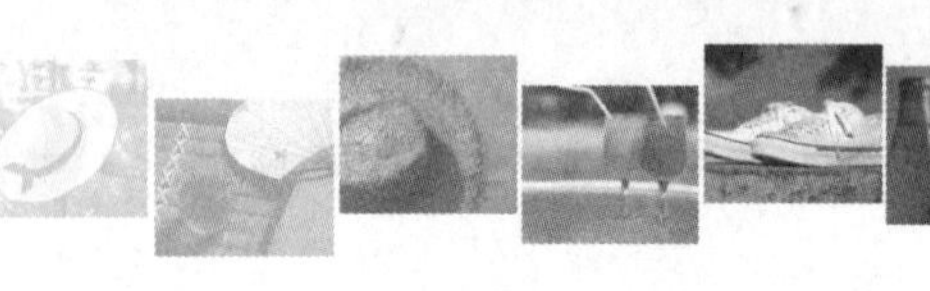

2、我潮，我生活

當今社會，越來越多潮人佔領著我們身邊的生活，也許你就是他們其中的一員，又或者即將要加入那個群體。無論怎樣，他們有自己獨特的生活方式，並且在享受潮流生活的同時逐漸為自己擺脫壓力。

他們的生活態度明確而有趣：我潮，我生活！

越潮越減壓之「麥霸」篇

「麥霸」是潮人隊伍中不可忽視的一支中堅力量，顧名思義，就是在KTV裡霸著麥克風不撒手的唱歌者。每到下班或者週末時分，一些平日忙碌的「麥霸」就會約上三五好友，結伴出動，一起去KTV輕鬆一下。

卡拉ＯＫ的減壓效果是有科學依據的。現在的社會競爭越來越激烈，人們受到的壓力越來越大，甚至有人因為壓力得不到紓解而導致生理心理等疾患，因此如何減壓成為了當前人們最熱衷的話題。

科學研究顯示，不時地到KTV高歌一曲，對人的身心健康是極為有益的，透過它可以調節人的心緒，提高思維效率，促進心肺功能，同時其像催化劑一樣極大地增強了學習效率。唱歌還有益呼吸系統健康，歌曲的節拍能使胸部肌肉興奮、肺部擴張，增加肺活量，呼吸加深並加長，使支氣管暢通，還可以增加肺活量。在唱歌的同時體會精美的語言，優美的曲調，動感的節奏，使人的心靈在陶醉中得到淨化和啟迪。唱歌對身心健康的益處，還表現在它對失眠症、憂鬱症等較佳的輔助療效。

經證實，熱衷K歌的「麥霸」們患焦慮症、憂鬱症的機會很小，唱歌有助於他們發洩鬱悶之氣，振奮精神，感到心情舒暢。無論是從事體力勞動還是從事腦力勞動的勞動者，時常高歌一曲，是解除身體或精神疲勞的好方法。尤其對於壓力高危險區的上班族來說，去KTV中大顯身手更是減壓的不二選擇，放情高歌有助你忘記工作的壓力、生活的煩惱和感情的困惑。幾曲之後，壓力煙消雲散，再帶著豁達平和的心態投入新的挑戰中去。

在卡拉OK的發源地日本，人們往往喜歡用「吶喊」的方式來唱歌，與其說是唱

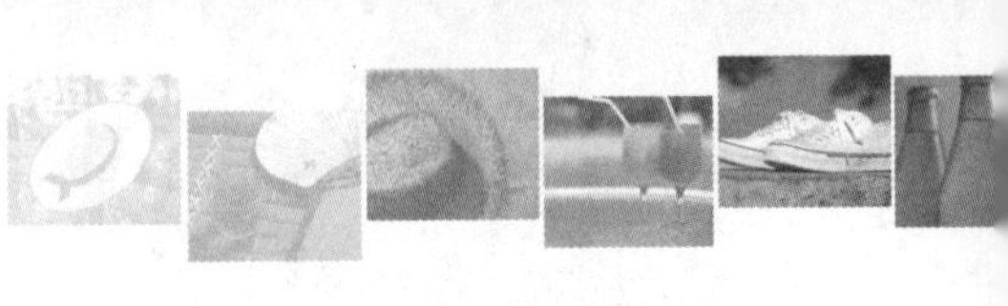

歌，不如說是宣洩心中不快，即使五音不全的人，也能忘我地投入其中，唱得陶醉不已。日本人還善於利用這一休閒娛樂形式，他們創造的一種「卡拉ＯＫ健康療法」在日本就頗受歡迎。這種方式宣導人們定期唱卡拉ＯＫ，除了可以放鬆身心，還可以起到治療心理疾病、美容、減肥，甚至有曾強胃腸及肝功能的作用。很多人都表示喜歡在KTV裡的那種氛圍，與熟識的朋友喝酒聊天，唱歌跳舞，擺脫了日常生活中的束縛，在不經意間把壓力全部釋放出去。不僅如此，卡拉ＯＫ也是治療憂鬱症等精神疾病的一劑良方，KTV包廂的小空間會使情緒低落者不由自主地產生一種安全感，在唱歌的同時表達自身感受、宣洩情感，能有效改善他們的不良情緒。早在二十年前，日本人把卡拉ＯＫ做為一種治療手段加入一些精神類疾病患者的治療中。

有人會說卡拉ＯＫ是年輕人的專利，並不適合老年人，這個觀點已經落伍了。對老年人來說，唱卡拉ＯＫ同樣可以促進身體、心靈和頭腦的健康，對自律神經的平衡有幫助，調整肝及胃腸功能，同時預防高血壓。

3、Buy出好心情

在一部港片《最愛女人購物狂》中，張柏芝扮演了一個城市中的精神「購物狂」，對購物幾近癡迷，影片中更是一語道破天機：「女人，從女孩起就想做購物狂！」

美國著名影星麗芙．泰勒說：「我只要看見喜歡的衣服，就一定要買，不買心裡會不痛快。我購物只是為了享受購物過程的樂趣，只是為了參與這種新潮、刺激的遊戲。」很多女性感慨：「為什麼女人的衣櫃裡總是少一件衣服，鞋櫃裡總是少一雙鞋呢？」有的乾脆發話說：「如果我不在逛街，那我就在去逛街的路上！」

這所有的一切都揭示了購物對於人們，尤其是女性生活的重要性。為什麼呢？其實購物之於人們不僅是單純的滿足物質需要，更重要的是它對人心理的特殊調節作用，使人們日益推崇的減壓方式。換而言之，我們Buy的不僅僅是商品，更是購物時的好心情！

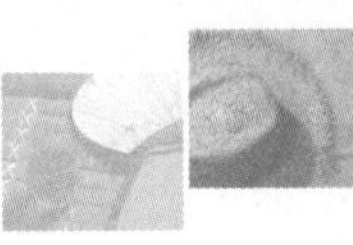

「血拼」中沒了壓力

「血拼」是中文對「shopping」一詞的音譯，就是購物，這一譯名用一種調侃的方式指出了購物的精髓，現代人往往在「血拼」中拼得酣暢淋漓，拼掉煩惱和壓力。

壓力當前，許多人都選擇了購物來為自己減壓，往往適度地Buy過以後，壓力確實可以瞬間遁形。於是，有人在情緒低落時購物，藉以對壓力宣洩，有人在輕鬆時購物，體驗特別的幸福感，有人在空虛無聊時購物，試圖透過物質刺激來增添生活的樂趣，喚醒自己麻痺的神經。

總之，人們在購物時可以欣賞琳瑯滿目的商品，將注意力集中在上面，當收穫了自己很中意的心愛之物，便彌補內心莫名的缺憾，純粹的消費也能讓人產生快感。來自香港的一項調查結果顯示，港人普遍面臨難以招架的工作和生活壓力，他們選擇的第一減壓方式就是購物，運動排在其後。有專家稱，情緒不佳時購物的確能釋放和轉移壓力，對情緒調整能起到積極的作用。

女性為「購物」主力

壓力撲面而來，何以招架？女人和男人的臨場反應大不相同。男人大都呼朋引伴藉酒消愁，而根據調查統計顯示，越來越多女性朋友選擇用血拼購物方式來紓解壓力，以達到消除壓力，解除煩惱的效果。

女性喜歡用購物來達到放鬆的目的，也許是源於女人的天性，當她們看到一件心愛的洋裝時，往往會一時興起，渾身上下的細胞如同觸電一般敏感起來，沒錯，這就是她們的天性，是一種本能反應。

根據某報的讀者購物調查顯示，64％的女性認為購物時的感覺很重要，她們購物大都只是一種感覺，並不是真的想買什麼，不過就是藉著買東西的藉口，到處捏捏看看，消磨時光，並從中獲得美好的感覺，遇到心儀之物也往往無法抗拒。有的剛踏入職場月收入不多的年輕女孩，可能會因一時興起購買價格不菲的高檔化妝品，也有的女性在購物之初並不知道要買什麼，可是歸來時往往買了一大堆或許無用的東西，可是她們就是在購物時獲得了好心情，遠離了煩惱。

究其原因，可以從四方面說起。

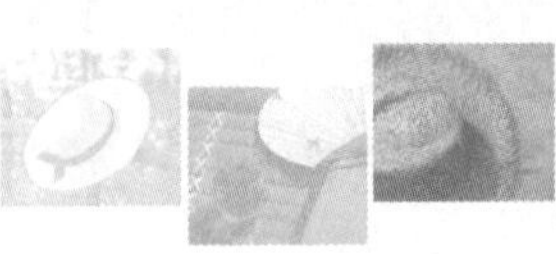
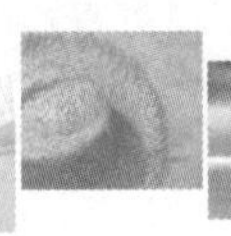

第一，愉悅感。一個女人不論年齡為何，都會帶著孩子般的浪漫情愫，她們喜歡那種一眼看起來就很舒服很養眼的東西，會為那一閃光的動心慷慨解囊，所以說女人逛街時有時不是為了購物，即使並無斬獲，也能享受一飽眼福的快樂。

第二，榮耀感。「顧客就是上帝」，這句話也許女人體會最深，當她們在專櫃前面對專櫃小姐甜蜜的微笑、殷勤的服務，心中會油然而生一種高高在上的感覺，極大地滿足了她們膨脹的自我榮耀感覺。

第三，滿足感。無論是在血拼中有所斬獲或者從過程中獲得最新流行趨勢資訊，都會令女人有一種滿足感。她們不僅可以在同事、朋友面前「曬」出新的戰利品，還可以和她們交換、分享時尚資訊，在自我表現的同時滿足感蕩漾在心頭。

第四，痛快感。有些女人在一定程度上確實是為了發洩情緒去購物的，這是一種最直接的壓力釋放方式，她們也許享受在某個特定時刻花光口袋裡所有的錢，「刷爆」信用卡，只為了換來一個爽朗的心情。購物對於女人，更多時候是一種調節情緒的工具。

購物前需要注意的小細節

一、做功課。購物前鋪天蓋地般撒網，藉助網路、廣告、姐妹淘等各種管道搜羅購物資訊，要做到心中熟知哪家百貨公司做週年活動？哪個賣場正在大打折？

二、設定目標。選定要重點捕獲的對象，避免浪費體力和精神而徒勞無返。

三、拋棄高跟鞋。如果想舒舒服服地走更遠的路，不要因為腳痛影響購物好心情，就請讓妳的高跟鞋休息休息吧！以平底鞋出戰。

四、血拼時不忘休息。長時間的購物會使你口渴，腰酸背痛，四肢水腫，要注意在購物時補充水分，並且適時休息。

五、Buy後放鬆。當你拖著大大小小的購物袋滿載而歸時，不妨找一個可以休息的地方，好好放鬆心情，聽聽音樂，與姐妹討論今日的購物心得。

切莫成為「購物狂」

有一種人，他們在購物時對商品有一種病態的佔有慾，當他們面對琳瑯滿目的商品

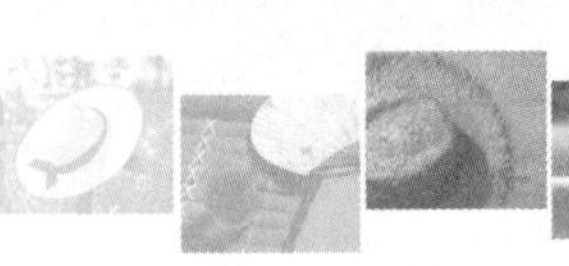

時，會不假思索地大掏腰包，即使這些商品對其來說毫無用處，通常揮霍無度，甚至一天不買幾樣東西，就會覺得焦慮、不安，這就是「購物狂」現象，與一般的購物者不同，這是一種心理疾病。他們往往內心煩悶、孤獨，情緒不穩定，習慣依靠瘋狂採購來填補心靈的空虛，購物成為他們宣洩內心苦悶的一種途徑，逐漸形成一種戒不掉的習慣。他們能夠感受到自己的瘋狂，當他們看到自己衝動之下買了並不需要的東西，心中也會懊悔不已，卻無法自制。這種重複性的病態行為，應讓藉助購物減輕壓力的人們應以慰藉，切莫讓一種樂趣成為新的痛苦負擔。

有趣的男女購物心理比較

相信很多結伴購物的情侶都曾因此爆發過爭執，這就是男人和女人在購物時的心理差異造成的。

艾克塞特大學的心理學家丹尼森博士經過研究得出結論，男人在陪女人逛街購物時的時間極限為「七十二分鐘」。他指出男人和女人一起購物時，如果超過這個時間極限，男女雙方就會以吵架收場或者掃興而歸。這一切都源自男人和女人在購物時表現出的原始本性各異造成。男人在原始社會時主要任務是狩獵，如今他們購物時也會表現出一種「狩獵」的初衷，鎖定目標痛快下手，乾淨俐落。而原始社會時女人的職責是採集果實，於是她們現在買東西時也是採集的過程，邊走邊看邊比較，直到遇到最滿意的才出手，據統計平均要比男人多出二十八分鐘。

也有心理學家的研究表明，shopping時男人的心跳會減慢，血壓會降低，心情也較鬱悶，時間越久、次數越多對身體都不好，女人恰恰相反，往往是越逛身心越健康。

網路購物新時尚

如今，網路購物已經越來越影響著現代人的生活，許多人都開始利用這種新型的購物方式享受著足不出戶購物血拼的樂趣。

隨著網路購物發展的日趨成熟，現在人們如果選擇在知名購物網站上shopping，可以獲得最大量的商品資訊，克服地域性造成的當地某種商品的缺乏，享受便捷的物流送貨服務，最重要的是因為網路商品的成本被最大化節約，購物者可以得到商品價格上的大優惠。不妨嘗試一下網路購物的別樣樂趣。

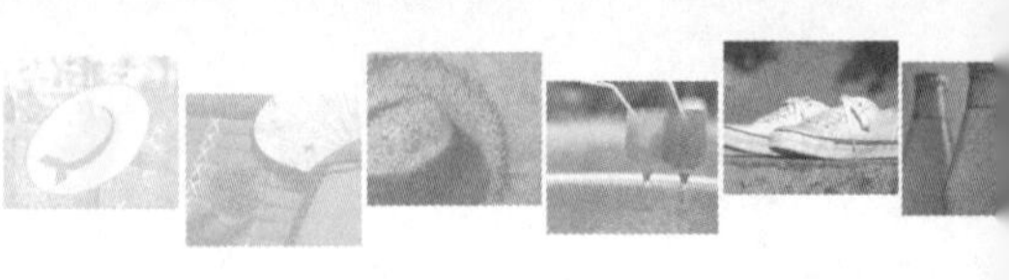

4、在路上……

孔子在「周遊列國」的途中開創了儒家學派，成為流芳千古的思想家。儒家珍典《論語》，記錄的就是孔子在「周遊」過程中迸發的偉大思想和不朽教誨，這些思想的真諦也隨著聖賢的腳步散播到大江南北。子曰：「仁者樂山，智者樂水」，仁者、智者常於水間汲取人生的大成。

這也許是旅行的最高境界了，對於現如今的尋常百姓而言，旅遊雖然不能名垂千古，但是至少也是一件頗具吸引力的事情。那被平日生活與工作折磨得無力喘息的心靈，是多麼嚮往在回歸大自然的時刻得以暢快呼吸，壓力不再的分分秒秒實在值得珍惜！在路上，我們的足印吐露著歡快，在路上，我們獲得身心的寧靜。

壓力隨著腳步減輕

現今的都市人，身上背負著工作壓力、經濟壓力、家庭壓力三座大山，減壓的方式更是層出不窮，旅遊是其中最受人們歡迎的方式之一。

有一份心理學研究結果，也從一個側面反映了旅遊在減壓陣營中的特殊地位，該結果顯示從來不去旅遊的男性，死亡機率竟比每年旅遊一次的男性高出五分之一，對於女性而言，六、七年以上才旅遊一次的婦女，患心臟病的機會率比起每年都旅遊的婦女也高五分之一。由此可見，旅遊對健康的好處委實不少。

旅遊的減壓效力究竟從何而來？

首先，旅遊是一種高級享受。人們在物質生活條件獲得基本滿足後，自然會有更高的追求享受的欲求，這是種精神層面的欲求，他們會本著「求新、求知、求樂」的出發點，從不遠千里之外來到目的地，充分享受異地甚至異國他鄉的秀美山水、風土人情，精神上收穫新知和快樂，忘記憂愁。

其次，旅遊的新鮮感。旅遊中總會給人們帶來許多新的見聞和知識，這種巨大的新鮮感是平日裡感受不到的，對人的大腦無疑是一種積極的刺激，同時分散了其對壓力的注意力。

第三，旅遊是休閒的最好方式。平日高速運轉的生活工作頻率，使人的心理急待調

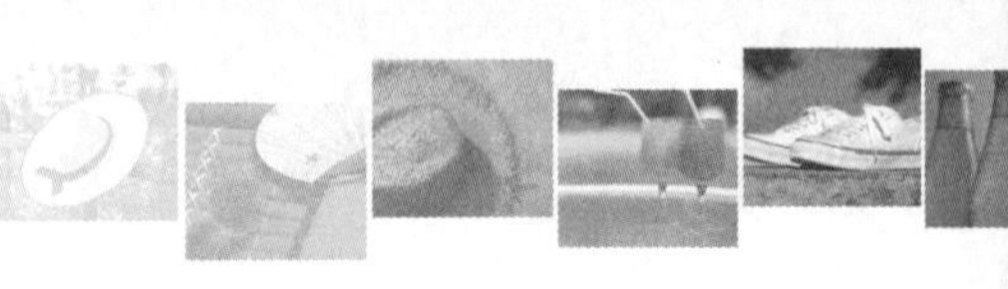

整，選擇假日時光，面對陽光、藍天、白雲、綺麗的大自然美景，同時還可以購物、享受美食、認識新的朋友，不得不說是一種最徹底的休閒。旅遊實在是令人心馳神往的減壓方式。

對於旅遊目的地的選擇和時間的安排，往往因人而異，不過還是有規律可循的。耶誕節、新年前後都是出境遊的高峰期，就亞洲而言，人們通常選擇到日本大購物、享美食、泡溫泉，到韓國痛快滑雪，到東南亞島國享受陽光與沙灘……

出遊方式大搜羅

出遊前有了目的地，準備上好心情，選擇怎樣的出遊方式關係至關重要，它關係到你旅途中的不同感受。

跟團遊

跟團是人們出遊的首選方式，是一種獨自出遊或者舉家出動，跟隨旅行社統一安排的旅遊方式。它最大的好處就是省錢省事，你只需要選擇好旅遊路線，然後養好精神，一路吃、喝、玩、樂便可。機票、酒店、用車及吃飯、門票等均由旅行社全權負責，旅途中的吃喝拉撒幾乎不用自己操心，費用方面一般比自助旅遊節省很多。同時，旅行社設計的遊覽行程也較為科學合理，景點也通常是當地最具有代表性部分或精華的部分。

自助遊

「吃、住、行、遊、購、娛」皆由自己安排的旅遊方式，操作起來較為繁瑣，但是優點在於，所有行程安排都可以由遊客自行安排，自由是其最大的優點，克服了跟團遊時事事、時時、處處受約束、受限制的不足，自在而行，挑選與眾不同的路線，在自己喜歡的景點可以流連忘返，充分享受當地的迷人風光、獨特人情和厚重歷史，時間足夠寬裕，方式隨自己興致。應當注意提前訂房訂票，在高峰時期避開熱門景點，最好相約好友、結伴而行，既可以排遣寂寞，又可以確保安全。

自駕遊

這是較少數人的選擇，指遊人自己駕車出遊的旅遊方式，通常適合滿足部分條件的人。分為自備車和租車兩種形式，首先遊人會先向旅行社諮詢出遊的具體情況，然後確

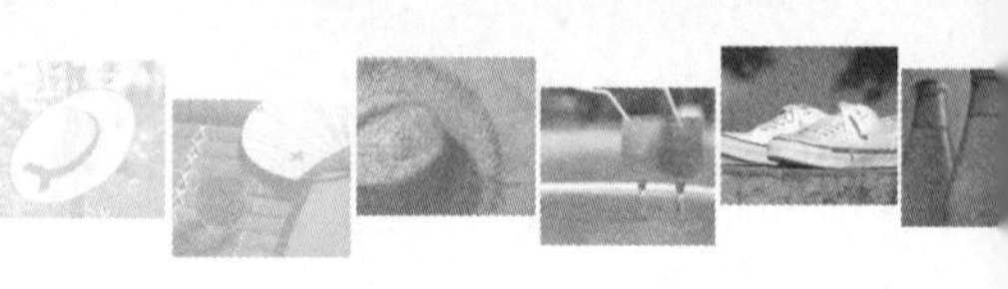

定路線、里程、時間安排及估算支出，最後駕車向目的地進發。需要注意的是，應當結伴而行，長途跋涉中駕駛者不免會感到疲憊或者迷路，由多人輪流駕駛可以降低安全隱患和增加旅途樂趣。

背包客

那種背著背包，帶著帳篷、睡袋的戶外運動愛好者，被人們稱為背包客。他們的出遊通常和危險相伴，不是一般意義上的觀光旅遊，多數帶有探險性，屬於極限和亞極限運動，追求挑戰和刺激是他們的初衷，也是他們在過程中活得快樂的源泉。

近年來，關於他們的資訊越來越受到大眾的關注，深受青年人的推崇。一個合格的背包客必須具備較強的野外生存技能，因為他們的旅遊方式總是和遠足、登山、攀岩等聯繫在一起，有了這些生存技能可以更大程度地保障他們的出遊安全。與自助旅行相同，背包客也是自行安排所有的出遊內容，是一種獨立、自有的旅行方式。值得注意的是，背包客在出遊前必須有足夠的風險防範意識，記得，買保險！

「周遊列國」時的旅行禁忌

如果你有幸進行環球旅行，到了異國他鄉沉醉之餘，還要注意當地一些有地方特色的旅遊禁忌，避免尷尬時刻的發生。

在英國，做常見的「V」手勢時，掌心不要向內，因為這被視為一種挑釁或侮辱；在義大利，進入天主教大教堂的遊客無論是男士還是女士，都不允許穿短褲和無袖上衣；在埃及，不要在進餐時向你的碗裡加鹽，這被看做是對廚師的侮辱；在烏克蘭，送花一定要確保花束是奇數，偶數的花束和黃花或者復活節百合都是為葬禮準備的；在伊斯蘭國家，踏入清真寺前都要脫鞋，男士應該著長褲和長袖襯衫，女士則應該遮住所有裸露在外的皮膚，並且必須圍頭巾；在中國、日本，不能把筷子插在飯碗裡然後離開，這是不祥的徵兆，會讓人想起墓碑；在柬埔寨，千萬不要表示你對主人盛情款待的敬意而吃光盤子內所有的食物，在那裡這樣的舉動被視為你沒有吃飽，是在昭示主人並沒有招待好你。

國家圖書館出版品預行編目資料

這樣生活沒壓力／邵子杰著
－－第一版－－臺北市：宇河文化出版；
紅螞蟻圖書發行，2010.8
面　　公分－－(人生 A+；8)
ISBN 978-957-659-798-5 (平裝)

1.生活指導

192.1　　99014547

人生 A+ 8

這樣生活沒壓力

作　　者／邵子杰
美術構成／Chris' Office
校　　對／賴依蓮、楊安妮、朱慧蒨
發 行 人／賴秀珍
榮譽總監／張錦基
總 編 輯／何南輝
出　　版／宇河文化出版有限公司
發　　行／紅螞蟻圖書有限公司
地　　址／台北市內湖區舊宗路二段121巷28號4F
網　　站／www.e-redant.com
郵撥帳號／1604621-1　紅螞蟻圖書有限公司
電　　話／(02)2795-3656（代表號）
傳　　真／(02)2795-4100
登 記 證／局版北市業字第1446號
港澳總經銷／和平圖書有限公司
地　　址／香港柴灣嘉業街12號百樂門大廈17F
電　　話／(852)2804-6687
法律顧問／許晏賓律師
印 刷 廠／鴻運彩色印刷有限公司
出版日期／2010年 8 月　第一版第一刷

定價 240 元　港幣 80 元

ISBN 978-957-659-798-5　　Printed in Taiwan